多维视角下我国博物馆
文化传播的理论与实践

崔维新 著

中国文史出版社
CHINA CULTURAL AND HISTORICAL PRESS
·北京·

图书在版编目（ＣＩＰ）数据

多维视角下我国博物馆文化传播的理论与实践 ／ 崔
维新著 . -- 北京 ：中国文史出版社，2022.6（2023.10 重印）
ISBN 978-7-5205-3573-1

Ⅰ．①多… Ⅱ．①崔… Ⅲ．①博物馆－文化传播－研
究－中国 Ⅳ．① G269.23

中国版本图书馆 CIP 数据核字（2022）第 116225 号

责任编辑：金硕　胡福星

出版发行：**中国文史出版社**

社　　　址：北京市海淀区西八里庄路 69 号　　邮编 :100142

电　　　话：010- 81136606 81136602　81136603 81136605（发行部）

传　　　真：010-81136655

印　　　装：三河市元兴印务有限公司

经　　　销：全国新华书店

开　　　本：880×1230　1/16

印　　　张：14.25

字　　　数：211 千字

版　　　次：2022 年 8 月北京第 1 版

印　　　次：2023 年 10 月第 2 次印刷

定　　　价：48.00 元

目录

引言

博物馆文化传播与文物『活』起来

博物馆作为综合体现悠久历史文化和璀璨文明的重要窗口，其内在文化体现了国家的"文化软实力"和民族的"精神家园"。自1905年我国近代第一座博物馆——南通博物苑诞生至今，已经有117年的历史。我国博物馆事业的发展大致经历了四个高峰，分别是20世纪30年代——现代博物馆纷纷建立阶段；中华人民共和国成立后的20世纪50年代——博物馆人才培养和重视阶段；改革开放形势下的20世纪80年代——新旧博物馆学讨论阶段；党的十八大以来的近20年——"文物活起来"博物馆热的文化传播多元发展阶段。同时，它作为地区文化的象征，包含着历史、艺术、美学、教育等多重内涵，需要进行文化传播。同时，作为公共文化服务机构的重要组成部分，需要"以人民为中心"，为公众服务。

　　传统的博物馆文化传播包括文化遗产的保护、储藏、展览、研究和服务等，博物馆主要发挥着"物"的储藏功能。虽然博物馆也提供公众的展览和宣传服务工作，但受到区域和展览方式水平限制，局限性很大，博物馆对公众的文化传播力度不够，公众认知度较低。十八大以来，我国的国家领导人在不同场合多次提出"让收藏在禁宫里的文物、陈列在广阔大地上的遗产、书写在古籍里的文字都活起来"[1]。随后，国家文化与旅游部门、

---

[1]《习近平在中共中央政治局第十二次集体学习时强调　建设社会主义文化强国着力提高国家文化软实力》，《人民日报》2014年1月1日第1版。

文物局等相关机构提出"让文物活起来，让博物馆活起来"的新型发展理念，不断出台措施鼓励博物馆创新发展，以多样化的方式增强文化传播力度。博物馆也注重创新发展，改变文化传播方式，从原来的以收藏保护文物为主的工作向吸引更多观众和为观众提供更多的增值服务而改变。以观众进入博物馆的次数为例，2009 年博物馆的参观人数为 32716 万人次，到 2018 年增加到 10.08 亿人次，直观说明了我国博物馆转变博物馆发展理念，文化传播事业快速发展。

在现代社会中，相对于学校、媒体、机关等在文化传播中的运用，博物馆在文化传播中具有不可替代的作用。通过博物馆进行陈列、展出、宣传、服务、研究等，让人们在穿越时空的对话中，了解源远流长的历史文化，了解和见识到历史发展进程中人民的智慧和文明。博物馆对于人类文化遗存的保护、管理和研究起到了重大作用，同时也能成为一个国家、一个民族团结统一的精神纽带。特别是随着现代科技的进步以及大众文化生活的创意创新需要，博物馆的文化传播形式不断创新，近几年随之而来的故宫热、博物馆盲盒热、三星堆文物热、博物馆之奇妙夜热等已经深入人心。2022 年春节晚会以前，三星堆出土的"金面具"在网上成为热点话题。春节晚会上，创意舞蹈《金面》成功出圈，青铜立人像面前，舞者朱凤伟头戴金人面具，演绎古代蜀国风情，让观众在欣赏舞蹈的同时，好似穿越到古代蜀国，观看蜀国的风貌。2022 年春节晚会上与博物馆有关的节目还有《只此青绿》《忆江南》等优秀的传统文化节目，将舞蹈、音乐等艺术形式融入《千里江山图》和《富春山居图》中。这些节目从博物馆的收藏中汲取创意灵魂，"学古不泥古、破法不悖法"，借力互联网、大数据、人工智能，激发了创新活力，拓宽了表现空间。

党的十八大、十九大等会议多次提出文化自信，培育和践行社会主义核心价值观。随着社会和科技的不断发展进步，人们越来越意识到博物馆的文化传播更能激励民族自豪感、自信心并强化民族凝聚力，它不仅在行为方式上影响受众，更将在潜移默化中起到"意见领袖"的作用。当前的社会主要矛盾是人民日益增长的美好生活需要和不平衡不充分的发展之间的矛盾。随着人们走进21世纪，国家进入小康社会，精神文明是人们迫切需要的。而现实的问题是，传统的文化传播不能吸引公众的注意力和满足人们的精神文化需要，甚至存在一些低俗的文化，影响公众的身心健康。因此，真正有历史文化内涵、体现"文化自信"的优秀传统文化迫切需要传播到公众心中。"对于当今博物馆的研究，其本质是对于社会变迁的关注，对于人的视觉文化、心理文化、美学的分析，而同时又能返回到实践空间中，与这种已经被我们理解的视觉和心理文化建立一个'互动场'。"[1] 博物馆作为文化传播的媒介，与当前的科技、文化创意、文化旅游、文化教育等多元结合，让观众能够对博物馆形成一对一、一对多、多对多等不同的多端交流模式，对博物馆产生兴趣，公众对博物馆的印象由高大上的"物"的储藏和管理机构，变成能够近距离接触的文化场所，这种公众对博物馆思想意识的转变，有助于博物馆文化传播。

我国要实现从五千年的文明古国向文化强国的跨越，最具有代表意义的中华优秀传统文化的传播是文化自信最直观的体现，同时也是我们文化不断创新和发展的内生动力。博物馆作为历史文化遗产和文化印记的储藏机构，蕴含着巨大的历史文化价值。只有与现代科技、产业融合，创新创造人民喜爱的形式，才能达到广泛的传播效应。目前，国家非常重视博物馆的建设与发展，因此，我们应当开拓思维，将社会科学中与博物馆建设发展交叉的学科理论广泛应用其中，探索现代博物馆建设发展新的理论支撑。

---

[1] 吴云一：《新博物馆学语境中的当代博物馆建筑设计》，上海：上海人民出版社，2016年，第9页。

绪
论

博物馆作为社会公益机构，在传播历史文化和文明、繁荣文化、增进"文化自信"等方面担负着重要职责。近年来随着我国对博物馆的重视和建设，博物馆日益发挥出重要的作用。随着互联网和高新技术的发展，博物馆文化传播的技术也在不断革新，文化传播水平日益提升，文化传播形式也逐渐呈现多样化趋势。与传统的博物馆单向传播形式不同，新时代博物馆作为文化传播媒介载体，逐渐从"以物为中心"转向"以人为本"，通过数字化展陈、博物馆文创产品、互动体验、文化旅游等方式，为历史文化知识和观众之间搭建了相互联系和沟通的桥梁，为博物馆和观众提供了多元化的环境和空间，使得观众可以通过博物馆场域内、外，通过眼观、耳听、手触、全身心模拟、互动体验等方式，使博物馆在文化创新和文脉建构等方面实现了与观众之间的紧密连接。

本书以博物馆"以人为本"的发展理念为背景，探讨博物馆媒介语境中文化传播方面的发展历史、现状、形式，以及存在的问题与对策，归纳了博物馆如何利用数字化和互联网科技手段，与文化创意、产业、文化旅游等方面结合，探讨博物馆的多元文化传播方式，深入挖掘博物馆与公众之间交流和互动的潜力，最大限度地将博物馆的文化传播优势转化为为公众服务的优势。

第一节　相关概念及其述评

本章节首先对书中的核心概念进行界定，厘清博物馆作为文化传播主体的媒介特征及其技术支撑背景下传播的相关概念。再以传播学中相关的大众传播理论作为博物馆文化传播的理论基础，在博物馆发展过程中新博物馆学"以人为本"基础理论下，对博物馆大众文化传播理论进行梳理；最后运用互联网信息技术理论探究博物馆传播方式，为博物馆文化传播问题研究提供理论参照。

一、相关概念辨析

（一）博物馆相关概念

1. 博物馆

了解博物馆的文化传播功能，首先从博物馆最根本的相关定义进行研究。根据博物馆学研究发展历程，博物馆最初是以"物"为核心，作为文化遗产的储藏和保护机构而存在的。

20 世纪 70 年代，学术界开始对博物馆进行反思，认为博物馆是"物"的载体，但不能成为"物"的核心，应该是面向大众服务的公共文化服务机构。因此，"博物馆"的定义被多次修改。国际博物馆协会（ICOM）多次修改博物馆的定义，1974 年《国际博物馆协会章程》中将博物馆的概念进行修订，改变为"博物馆是一个不追求盈利的、为社会和社会发展服务的、向公众永久性开放的机构，为研究、教育和欣赏的目的，对人类和人类环境的见证物进行搜集、保存、研究、传播和展览"[1]。这说明在 20 世纪 70 年代，国际社会就已经意识到博物馆藏品的作用，并且其中具备文化传播功能。2007 年 8 月，《国际博物馆协会章程》又一次进行修订，将博物馆的定义修改为："博物馆是一个为社会及其发展服务的、向公众开放的非营利性常设机构，为教育、研究、欣赏的目的征集、保护、研究、传播并发展出人类及人类环境的物质及非物质遗产。"[2] 这一定义得到目前学术界普遍公认。这一概念更加突出了博物馆为社会和公众服务的特征，和向公众进行文化传播的重要目的。针对博物馆的概念，只是定义了博物馆的功能，并没有指出具体实现功能的方式，即文化传播的方式和方法。

20 世纪 90 年代以后，随着互联网信息技术的发展，博物馆在技术的支撑背景下延伸出"博物馆上网"——数字博物馆——智慧博物馆。他们运用高科技，将传统的博物馆在网络上进行了延伸，实现了让大众利用多媒体终端随时随地都能欣赏和浏览博物馆的目的。

2. 数字博物馆

传统的博物馆由于地域、物品保藏、展示场地以及时间的限制，不能满足公众的文化传播需求。20 世纪 80 年代，随着科技的发展以及互联网信息技术构建的完善，传统博物馆与科技相结合，出现了"运用虚拟现实技术、三维图形图像技术、计算机网络技术、立体显示系统、互动娱乐技术、特种视效技术，将现实存在的实体博物馆以三维立体的方式完整呈现于网络上的博物馆"[3]，即数字博物馆。

通过科学技术，数字博物馆解决了传统博物馆文物数量统计不准确、档案保存不完善、资料记录不全或丢失等问题。进行数字化档案保存，有助于提高传统博物馆文化传播和管理的效率和质量。另一方面，通过数字

[1] 韩常慧：《文化、旅游与翻译》，北京：中译出版社，2019 年，第 143 页。
[2] 山西省文物局编：《晋陕豫冀博物馆理论与实践研讨会论文集 2013 版》，太原：山西人民出版社，2016 年，第 276 页。
[3] 施光海，潘力：《智慧文博》，北京：中国传媒大学出版社，2017 年，第 170 页。

化的文字、图片、录音解说、动画、漫游、全方位构图等多种方式，数字博物馆将陈列在博物馆里的文物以鲜活的形式呈现在网络上，利用 3D 立体、VR 等技术手段，将文物在媒介终端上营造出逼真、形象、生动的展示效果，呈现在公众面前。如，自 2012 年百度百科数字博物馆上线之后，先后有国家博物馆、中国园林博物馆等 200 余家数字博物馆呈现在公众面前。公众通过屏幕终端，任何时候都可参与可交互，激发观众对博物馆的兴趣，对扩大文化传播起到重要作用。数字博物馆以实体博物馆为依托，使得实体博物馆不再拘泥于地域和文物运输的现实，在网上虚拟世界中实现了博物馆文物储藏的数字化传播。同时，与传统博物馆实体文物的展示相比，数字博物馆除了受众不能直接观看和触摸以外，利用科技实现了文物高品质、高清晰、多方位的展示，从而激发了受众对博物馆的关注，使得博物馆文化传播受众得到扩展。

3. 智慧博物馆

随着人们对博物馆的重视，博物馆的功能性讨论逐渐受到重视。随着数字博物馆不断发展，技术革命带来感官体验以及媒介广泛传播，同时也引发了公众对博物馆知识更大的渴求。数字博物馆虽然突破了藏品展陈的时空限制，扩大了宣传方式，但还是存在博物馆各自管理和服务的孤岛问题。智慧博物馆"是基于一个或多个实体博物馆（博物馆群），是在文物尺度、建筑尺度、遗址尺度、城市尺度和无限尺度等不同尺度范围内，搭建的一个完整的博物馆智能生态系统"。[1] 智慧博物馆是人们在数字博物馆基础上又提出的构建完整智能生态系统的博物馆。与数字博物馆侧重技术不同，智慧博物馆在现有博物馆建设基础上，意识到博物馆文化传播的局限性。如博物馆展品展出总量不到全国储存的 5%，大量的博物馆文化遗产还束之高阁，并没有活起来。智慧博物馆结合其实体博物馆、数字博物馆，将博物馆建设成集群，进行科学化智能化发展。解决博物馆该向何处发展、如

---

[1] 桂林博物馆编：《让文物说话》，桂林：广西师范大学出版社，2018 年，第 27 页。

何打破壁垒、实现博物馆互联互通等问题，是智慧博物馆发展的前提。

在《国家文物事业发展"十三五"规划》中，关于智慧博物馆建设提出"智慧博物馆建设工程"及相关的数据中心和支撑平台的建设意见。[1]与数字博物馆技术进步不同，智慧博物馆在"万物互联"基础上实现"实体＋数字博物馆""博物馆＋博物馆"之间的联系，在管理、运营、服务、技术上都有了质的飞跃。

第一阶段是传播层面（实体博物馆数字化层面），也就是我们常说的社会化认可，利用网站、微博、微信公众号等平台和相关 App 来展示博物馆的虚拟展览和品牌；

第二阶段是渠道层面（数字博物馆展示层面），也就是我们常说的 B2C 电子商务，把渠道从线下搬到线上，通过数字博物馆对博物馆的最新展览进行展示和推介；

第三阶段是数据层面（数字博物馆的数据为王层面），用互联网思维重新架构博物馆的数据体系，把内部行政管理和业务流程数据进行收集，做到数据为王；

第四阶段是决策依据层面（智慧博物馆层面），让第三层面形成的大数据，通过云计算等手段进行数据挖掘，为决策层提供决策的数据支撑。真正做到让观众、员工、业务、行政的数据来驱动管理，实现互联网思维下的博物馆管理。

图 0-1　智慧博物馆管理模式[2]

[1] 智慧博物馆建设工程：运用物联网、大数据、云计算、移动互联等现代信息技术，研发智慧博物馆技术支撑体系、知识组织和"五觉"虚拟体验技术，建设智慧博物馆云数据中心、公共服务支撑平台和业务管理支撑平台，形成智慧博物馆标准、安全和技术支撑体系。摘自《国家文物事业发展"十三五"规划》，国务院新闻办公室网站，http://www.scio.gov.cn，2017 年 2 月 21 日。

[2] 锦霖文保：《新形势下智慧博物馆建设解读》，https://www.sohu.com/a/129240726_587678，2018-4-03。

如图 0-1,智慧博物馆模式打破了传统博物馆和数字博物馆各为孤岛的状态,将博物馆进行互联互通。主要体现在三个方面:

(1)智慧服务。针对博物馆文化传播的服务功能,智慧服务提出把互联网科技技术和相关媒介资源利用在博物馆文物识别、博物馆信息推动、利用媒体与受众互动等方面,使得受众在参观博物馆的时候既可以获得静态参观体验,又能实现共享和互动,充分发挥博物馆文化传播功能,增强受众的博物馆文化体验,使得公众对博物馆藏品的深度感知和对历史文化认知增强。[1]

(2)智慧保护。针对传统博物馆馆藏物品受形态和保存方式不同的局限,在实物展出或观赏过程中容易受损等问题,通过技术的进步,利用相关技术(如智能感知技术、无损检测技术、三维建模、360VR 扫描技术等)对文物本体进行检测和立体的数字化呈现,并进行相关的数据分析,建立完整的"监测—评估—预警—调控"系统,有利于更好地保护博物馆赖以依存的物品,更好地为文化传播做基础维护。

(3)智慧管理。针对博物馆受众情况,利用相关技术(智能感知、智能控制技术、定位技术等)采用大数据管理和分析,实现对博物馆人、物、设备的动态跟踪;通过大数据分析,对观众需求和满意度进行动态管理,对博物馆文化传播的反馈和效果进行调整,使得博物馆管理更加准确和智能,更好地提升博物馆文化传播的方向和路径的准确性。

"智慧博物馆的管理、运营、服务等功能在信息驱动下,以博物馆核心系统为对象,使得核心系统内部的相关物件之间、各核心系统之间产生有利于整体正向发展的推动力,而且这种推动力在发生作用时,是以已有有效行为规则为准则自主进行的,尽量避免或减少人为随意性的判断或操作。同时,通过大量的信息汇聚、整合、分析,使管理者获知有可能的发

---

[1] 宋新潮:《关于智慧博物馆体系建设的思考》,《中国博物馆》2015 年第 2 期。

展态势。"[1]智慧博物馆借助物联网和云计算技术，以对文物的数据管理替代数字博物馆中的静态数字采集，在利用互联网科技进行动态数据观测的基础上，科学预测和推送，使博物馆与受众之间建立更加广泛和深入的联系。这体现了博物馆"以人为中心"的信息传递模式，使得博物馆展品、管理者、策划者、展者与受众接收的文化信息实现互联和信息反馈，真正达到智慧化融合。由此可见，随着科技发展，博物馆也实现了从最初的"物"的储藏和传播，到线上博物馆，再到"以人为中心"万物互联的信息化传播方式，利用大数据建立互联互通，逐步实现智慧化融合。

（二）文化传播概念

博物馆的展示内容、展示方式与人类传播的发展进程具有一致性。美国社会学家库利在 1909 年出版的《社会组织》中为"传播"下了一个广为人知的定义："传播指的是人与人关系赖以成立和发展的机制——包括一切精神象征及其在空间中得到传递、在时间上得到保存的手段。"[2]而这一定义也彰显出目前博物馆的陈列展示中的所有藏品（实物或者精神的）所具有的特性。因此，博物馆的展示内容与传播学的特点具有一致性。因为博物馆概念中的公共性决定了博物馆文化传播的广泛性和大众性，因此博物馆作为一种传播媒介，具有大众传播的特点，其在传播过程中，传播和受众也应该受到关注。

1. 大众传播

针对大众传播，不同的学者从不同的视角（劝服视角、传递角度、符号互动范式、刺激反应范式、社会关系范式等角度）给予不同的理解。韦弗从"劝服视角"出发，认为"传播是一个灵魂影响另一个心灵的全部过程"。

在传播学中，大众传播是建立在媒介具有重大效果基础之上的。随着

---

[1] 张小朋：《智慧博物馆核心系统初探》，《东南文化》2017 年第 2 期。

[2] 刘军，李淑华：《公共关系学 第 2 版》，北京：机械工业出版社，2012 年，第 25 页。

媒介从传统媒体的大众报刊、电影、广播，发展到现代社会新媒体如微博、微信、短视频等迅速扩张，大众传播逐渐活跃在"人际传播网络中，经常为他人提供信息、观点或建议并对他人施加影响的人物，我们称为'意见领袖'"。[1] "意见领袖"并非传统意义上我们所理解的"领袖"，而是为公众熟知并广泛接触的对象，与受众处于平等关系，并在某一领域精通，拥有广泛的信息渠道，对大众传播的接触频度高、接触量大。作为传播过程中的"意见领袖"，博物馆通过与其他博物馆之间的互动，运用系列展览、文化创意、文化旅游、VR 和 3D 等与科学技术、文化教育、文化艺术等结合的传播方式，在大众之间传播大量历史文化、人文、艺术信息，与公众进行广泛的接触，吸引公众对文化的关注并融入大众生活。而这种文化传播，不仅实现了"媒介—博物馆—公众"的"两级传播"，同时通过现阶段公众的文化消费和传播，也实现了"公众—媒介—博物馆"的双向传播，使博物馆文化由单向传播转化为双向传播，增强和深化了博物馆的社会沟通功能、教化功能和文化增值功能。

2. 媒介

文化传播离不开传播媒介，博物馆文化传播也需要分析和研究媒介，因此，了解媒介的概念和特征是必要的。媒介作为传播学的一个核心概念，根据国内相关学者如郭庆光对媒介的界定，即"媒介一方面通过内容影响和作用于人的认知和行为，另一方面媒介作为环境工具本身也影响着受众"。[2] 英国学者罗杰·西尔弗斯通（Roger Silverstone）认为，"博物馆与其他大众媒介一样，具有娱乐和告知、讲述故事和建构观点功能，意欲取悦和教育公众，在它的文本、技术和展示中提供关于世界的观念性陈述"。[3] 根据媒介的定义，博物馆文化传播一方面是利用报纸、电视、视

[1] 郭庆光：《传播学教程》，北京：中国人民大学出版社，1999 年第 1 版，第 209 页。

[2] 同 [1]。

[3] Roger Silverstone: The Medium is the Museum: On Objects and Logics in Time and Spaces, from Museums and the Publics Understanding.

频直播、微信、微博等媒介进行文化传播，影响受众；另一方面是博物馆对本身所蕴含的文化知识、艺术价值等进行文化传播，从侧面来看也具有媒介的特征，符合媒介的概念。因此，博物馆作为一种传播媒介，对其理念宣传、展示的手段以及实现其文化传播功能都产生了一定的影响。

但是与一般大众媒介相比，博物馆媒介的文化传播与之有一定的区别，也有自己的特点。一是呈现方式的显性和隐性区别：博物馆传播介质主体是以文物的内在价值为基本依托，传播的核心是视觉为主的传播；而大众媒介是以空间填写内容为主的传播；从媒介来看，博物馆属于隐性媒介，而大众媒介属于显性媒介；而从传播内容来看，博物馆有固定的物为依托，而大众媒介没有。二是作用媒介的传播方式，博物馆作为媒介，并不排除其他媒介的运用。博物馆作为媒介传播主体，可以与报纸、电视、短视频、公众号、微博、微信等多种媒体进行融合和嫁接，利用多元叙述与多样化表达调动受众参与的积极性和热情，提升博物馆文化传播的能力。三是对受众的空间传播方式，与其他媒介的网络虚拟性不同，博物馆作为文化传播媒介是以博物馆馆藏文物和真实空间作为传播对象，在传播过程中，受众可以置身于空间，体验和感受真实的文物气息，可以更加直观地体验，同时也把受众发展为媒介进行进一步宣传。

3. 受众

受众是传播信息的接收者，同时也具有主动传播性。在大众传播学研究中，研究者发现受众并不是简单、被动的接受者，相反，在受众接收信息过程中，自身会产生不同的反馈信息，而在社会关系群体中又将这种反馈进一步传播，从而影响文化传播的效应。因此，不管文化传播使用何种方式、何种媒介，最根本的是作用于受众这个"人"，意图达到受众反馈良性信息的效应。正如美国传播学学者哈德鲁·拉斯威尔 1948 年提出的著名的"五 W"传播模式，第一个 W 便是 Who，将"人"放在重要位置[1]，说

---

[1] 蒙南生：《新闻传播社会学》，北京：中国传媒大学出版社，2007 年，第 121 页。

明受众开始受到重视并占有重要地位。

博物馆多元文化传播的最终目的，是让受众感受并能接收到博物馆所传递的符号信息，使得受众在思想上和认知上能够得到提升。随着"受众中心论"的提出，受众不仅仅是信息接受者，而且也是信息传播者。特别是在信息技术进步的前提下，博物馆文化传播的路径也越来越多，受众不仅仅能够接受信息，而且能够进行自我加工，并反馈于媒介和信息之中，一定程度上进一步传播了博物馆文化信息。如微博、微信的文字表达，抖音、快手等平台短视频的发布等都能及时反馈信息，并作用于博物馆文化传播。

二、博物馆大众传播媒介的特征

博物馆作为文物储藏和文化传播机构，以传播过程的研究视角来审视博物馆信息传播过程，藏品是最重要的传播内容，负载着关于人类活动和自然变迁的各种信息，目前学术界还没有统一的定论。李文昌认为，博物馆传播是一种综合的信息传递行为。"它是指使用博物馆进行信息交换以及人类信息交流、共享的传递行为，以进行研究、教育和欣赏，传播能力的大小在很大程度上决定了博物馆的成功与否。"[1] 博物馆作为媒介，和其他媒体、科技等融合，能不断扩展文化传播效应。

（一）博物馆媒介文化传播的特征

从传播学角度看，博物馆作为一种文化传播媒介，具有双向乃至多向的信息传播和互动性特征。这些特征具体表现为博物馆"具有持续不断的内容生产、文化信息的交换体系、针对受众的意义阐述、情感共鸣的艺术语境和建构公共活动的集体空间"。[2]

---

[1] 单霁翔：《故宫"卖萌"意在文化传播》，《中国旅游报》2018年3月9日第8版。

[2] 郭庆光：《传播学教程》，北京：中国人民大学出版社，1999年，第111-112页。

1. 博物馆是文化信息传播的"意见领袖"

作为综合性的大众媒介，博物馆作为文化信息传递的"意见领袖"对于公众的文化认知意识十分重要。博物馆以"物"为载体，一方面传递历史文化信息的准确性、知识领域的厚重丰富性和传播过程的客观性，保证受众接收的信息准确；另一方面，博物馆在传递方式上还要发挥大众媒介、文化媒介的作用，作为内容供给者、传播者还要注重为受众提供精神上的文化体验、价值观培育以及增强文化自信的知识内容。因此，作为信息传播的意见领袖，在公共活动的集体空间里，博物馆利用文物、艺术品等进行传播，发挥大众美育和社教的功能，又承担了社会公共文化服务之提升文化软实力的社会角色。

2. 博物馆文化信息传播的"培养场所"

博物馆在传播社会主流文化的同时要发扬"培养"理念。这种培养构建于传播学之中，是"社会作为一个统一的整体存在和发展下去，就需要社会成员对该社会有一种'共识'，也就是对客观存在的事物、重要功能"。[1]

博物馆在文化传播中发扬的"培养"理念，就是要坚持弘扬正能量，即以博物馆中的"物"为依托弘扬和传承中华传统优秀文化，按照面向现代化、面向世界、面向未来的要求，大力繁荣和发展具有中国传统特色的优秀文化，增强文化自信和民族自信心，不断提高中华文化的影响力，形成强大的民族凝聚力。宏观层面要坚持博物馆互联互通，将博物馆中的信息不断联结，形成人们主体性的对信息的接受，在博物馆有限时间内呈现给受众特殊时间维度和特定文化记忆，使受众能够汲取认同的文化资源，从而达到文化传播的目的。微观层面，博物馆通过与大众媒体、文产文创、科技等相结合，产生不同形态的文化传播途径，进而从视觉、触觉、听觉、感觉等角度培养受众对博物馆文化的理解，方便受众更好地理解、感受并传播博物馆的文化。

---

[1]《于幼军到故宫博物院、国家博物馆等直属单位调研》，http://www.gov.cn，2007 年 10 月 15 日。

3. 博物馆具有情感共鸣的"艺术语境"

由于博物馆文化传播具有传播艺术价值的属性，因此，在博物馆文化传播活动中，依据传播氛围需要而设置"艺术语境"。这种"艺术语境"是"随着艺术品所处环境的变化而衍生出新的语境，艺术品被放在展厅里的时候会因为空间以及陈列方式的变化而衍生出新的语境"。[1]结合博物馆"培养场所"形成"议程设置"[2]，从而进行艺术文化价值的传播也是博物馆文化传播的基本特征。在文化传播中，受众可以从中得到体验和触动，并由此产生情感共鸣。

在议程设置背景下，博物馆收藏的文物、研究工作的新成果、陈列展览以及博物馆行业的最新信息和学术活动等都可以通过"议程设置"理论，得到公众的广泛关注，获得广泛的社会影响，提高博物馆的知名度。博物馆免费开放后，与公众的关系越来越密切，要想通过"议程设置"理论获得较好的传播效果，主要还是在"人"上下功夫。一是博物馆的馆藏陈展、研究、服务等工作的理念要根据观众不断求新的心理而改变，使观众充分认识博物馆的意义、内涵和价值；二是充分利用各种社会资源，广泛调动观众参与博物馆建设的意识，利用观众探究新知识的心理，有目的地引导他们积极投身到博物馆的各项活动和科学研究中；三是建立公众反馈信息制度，为博物馆的后续发展提供借鉴，为迎合观众的兴趣制订下一步工作方案；四是利用大众传播媒介，根据传播途径、方式和优势，制定传播策略，扩大博物馆行业的社会影响力。[3]

[1] 金瑞国：《博物馆之传播学研究》，《博物馆研究》2011年第2期。
[2] 议程设置理论是大众传播媒介影响社会的重要方式。传播往往不能决定人们对某一事件或意见的具体看法，但可以通过提供信息和安排相关的议题来有效地左右人们关注哪些事实和意见以及关注的先后顺序。传播无法左右人们怎么想，却可以左右人们想什么。
[3] 山西省文物局编：《晋陕豫冀博物馆理论与实践研讨会论文集2013版》，太原：山西人民出版社，2016年，第23-24页。

（二）博物馆文化传播的分类

博物馆作为文化传播媒介，"其媒介特征表现在具有持续不断的内容生产、文化信息的交换体系、针对受众的意义阐述、情感共鸣的艺术语境和建构公共活动"。[1] 因此博物馆一方面作为媒介具备大众传播功能，另一方面又与其他类别进行架构，形成"博物馆＋"的文化传播方式。从传播学角度进行分析，传播包含以公众导向为目的的传播，按照受众接受信息时的主要方式看，可以将博物馆文化传播分为文字传播、视觉传播和艺术传播。

1. 文字传播

博物馆文字传播主要体现在讲解和媒体语言宣传方面，具体形式有讲解员讲解、导游讲解以及讲座讲解和宣传。由于博物馆文物本身是实体的物，而非"活起来"的物，因此需要相关文化传播者通过口述方式向公众展示文物的内涵，在大众中形成文化传播。这种语言传播一方面让不能说话的文物"活起来"，使得文物在文化传播中更加立体和形象，从而使得文物传播更加立体化；另一方面，由于语言传播主观性特征，通过有选择性的文物讲解，使得文物在语言传播中具有不确定性、间断性和无序性。

2. 视觉传播

在受众感官中，视觉感官处于第一位，即"眼见为实"。乔纳斯（Hans Jonas）解释为"视觉所及之处，心灵必能到达"。因此，在博物馆文化传播中，视觉传播最为重要。随着科技的进步与发展，公众对于图像文化的"观众"感知，已经被立体的"身临其境"的感知所取代。在视觉传播中，博物馆在展览设计、体验、互动等方面通过"物"的吸引，达到观众关注的目的。博物馆文化传播活动中，一个"成功的观看会激发并制定一套精确的社会

---

[1] 山西省文物局编：《晋陕豫冀博物馆理论与实践研讨会论文集 2013 版》，太原：山西人民出版社，2016 年，第 19 页。

文化坐标，从而确定博物馆空间内'特定的观看活动'"。[1]

3. 艺术传播

随着现代科技和媒介的发展，人们的艺术鉴赏能力普遍提升，公众对于文物文化传播的要求也逐渐提高。人们不再满足于语言传播、静态为主的展览传播，更多追求视觉、体验式博物馆文化传播方式。而艺术传播是通过博物馆与现代科技、媒介结合，以博物馆文创、文物立体化、文物媒介化等的形式将文物的文化内涵展示出来，使得博物馆文物在场景中更加艺术化、生活化、动态化，使得受众在不同情境中得到更为广泛的艺术熏陶，并为受众留下深刻的印象，从而培养人们高尚的艺术情操。

总之，文化的传播主要表现为"传承"和"扩展"。新世纪以来，随着我国社会文化的多元化发展以及博物馆界对自身文化定位的重新审视，博物馆对受众的文化传播也逐渐重视起来。这种重视一方面在传播方式上逐渐向多元化、大众化发展；另一方面，从文化形态上看，博物馆文化传播借助与产业、媒介等方式进行融合，也逐渐探索将严肃深奥的历史文化、艺术转化为大众能够接受的通俗化表达方式，使博物馆文化深入日常生活，并逐渐延伸和产生广泛影响。

[1] 王思怡：《多感官博物馆学：具身与博物馆现象的认知与传播》，博士学位论文，浙江大学，2019年，第83页。

第二节 博物馆文化传播发展脉络及研究综述

纵观国内外博物馆的发展历程，从统治阶级收藏欣赏为主到现代的大众文化传播和教育机构，博物馆经历了从"以物为本"到"以人为本"的变化。究其发展历程及博物馆作用功能,博物馆始终发挥着文化传播的作用。

一、国内外博物馆文化传播述评

博物馆虽然是近代以来迅速发展的公共文化类机构，但是历史起源悠久，最早出现在公元前的埃及——以供奉缪斯女神为主的神殿，后来延伸到皇家宫廷、显贵官邸、教堂修道院或是大学堂里。如从表 0-1 国外博物馆文化传播发展脉络中可见，从公元前 3 世纪开始，博物馆为神庙性质，发挥着储藏和政治统治的象征作用，一直到 19 世纪末，近代博物馆开始成为大众传播的公共设施，并一直发挥着重要作用。

表 0-1 国外博物馆文化传播发展脉络 [1]

年代	国家	博物馆名称	意义或成就
公元前 3 世纪	埃及	缪斯神庙（亚历山大博物馆）	世界最早的博物馆
1682 年	英国	阿什莫林艺术、考古博物馆	第一个近代博物馆
1753 年	英国	不列颠博物馆	18 世纪最大博物馆

[1] 张钰培：《徐州博物馆文化传播方式更新研究》，硕士学位论文，东华大学，2018 年。

年代	国家	博物馆名称	意义或成就
1754 年	俄罗斯	埃尔米塔什博物馆（冬宫）	世界最大最古老的博物馆之一
1763 年	德国	森根堡自然博物馆	自然科学的启蒙大学校
1773 年	美国	南卡罗来纳州博物馆	美国最早的公共博物馆
1793 年	法国	卢浮宫	世界博物馆发展的新时代
1840 年	美国	史密松学院	世界最大的博物馆群和重要的科学研究中心
1870 年	美国	美国大都会博物馆	美国大型艺术博览馆
1897 年	日本	京都国立博物馆	法式文艺复兴风格的博物馆
1919 年	苏联	革命博物馆	苏联第一个革命博物馆

早期针对博物馆的研究，多以博物馆的馆藏物品为研究对象，"围绕博物馆藏品的收藏、分类与保护，以及博物馆的机构特征进行讨论"[1]，而对于博物馆文化传播方面几乎没有涉及。以美国博物馆为例，美国拥有种类繁多的博物馆，其中国家博物馆就有 10 个，如展示国家成立发展历史的国立美国历史博物馆、自然历史博物馆，展示绘画和雕像艺术的艺术博物馆，专业技术类的还有航空航天博物馆、美术和工业大厦、邮政博物馆等。

（一）国外博物馆文化传播从意识到形态的发展历程

博物馆建立的初衷并不是为了文化传播，而是王公贵族储藏财富和展示战利品的地方。如表 0-2 可见，19 世纪以前的大英博物馆在最初就是作为皇家储存文物的场所而建立的，后来虽然有限度地允许少数人参观，但是为了防止文物损坏，要求全程有工作人员陪同和监督。这时，不仅博物馆中的文物被束之高阁，而且博物馆本身也是只服务精英社会的典型场所。这一时期，学界的研究主要集中在统计文物数量和分类上，如 1656 年英国

[1] 马子庄，晓贾：《试析博物馆藏品》，《中国博物馆》1987 年第 2 期。

伦敦出版的《特拉德斯坎特博物馆目录》是记录 17 世纪博物馆藏品目录比较全的一部书籍。

表 0-2 博物馆核心任务发展变迁

1753 年之前		1753—1980 年		1980 年之后
只收藏不展示	有限度公开展示	公开展示	旧博物馆学	新博物馆学
珍品特藏室，王公贵族夸耀财富和权力展示的特定场所	只针对特定对象展示；上流社会、资本家和社会精英等特定人群	本着平等自由的理念为大众开放和展示	以"物"为中心的，承担和扮演"物"的保护、研究和展示角色	以"人"为中心，注重参与民众的感受、认知和体验

从博物馆产生到 20 世纪 30 年代，随着博物馆不断发展和传播作用被重视，管理者们意识到博物馆具备文化交流和大众传播知识的功能，这一时期在学界也意识到文化传播的作用。如爱德华·福比斯在《论博物馆的教育功能》中，强调博物馆对于教育的重要性，认为博物馆不仅要对研究学者开发，更要成为教育的重要补充场所，要让学生从小接受到博物馆教育。美国史密森学会的第一任会长 J. 亨利从博物馆文化传播对于公众的文化普及角度出发，认为博物馆是公众接受科技知识的重要场所，要把科技知识转变为公众能理解的大众知识进行传播。1880 年，英国博物馆学者鲁金斯发表《博物馆之功能》一文，强调博物馆不应仅仅作为文物储藏场所，这样不见天日的储存没有意义，应该为公众开放，变为让一般公众受教育的场所。随着国际对博物馆文化教育功能认识的提升，针对博物馆到底能够起到多大作用，对于公众和社会在哪些方面能够发挥作用，博物馆学家 G. B. 古德从 1888 年起陆续发表了《博物馆历史和历史博物馆》《未来的博物馆》《博物馆管理原则》等研究论文，这些研究对于博物馆进一步发挥文化传播功能起到了重要的理论和指导意义。

随着博物馆的文化教育功能在理论上被研究之后，伴随着理论的论证和发展，实践探索也有进一步发展。如1846年，美国以捐赠人史密森先生的名字命名成立的史密森学会把博物馆和研究单位联合起来，其目的在于对公众开放，共同"增进及传播知识"。这一机构先后得到40余家博物馆和研究机构的响应和加入。当前，在博物馆领域，最重要、最庞大的国际组织是美国博物馆协会（全称American Association of Museums，简称AAM），它每年在美国举办博物馆事业及其运营研讨会，探讨如何通过博物馆文化的传播、交流，来促进人类知识的共享共生。英国紧随其后，包括博物馆在内的文化服务机构委员会组织联合制定并施行《领先的博物馆——英国博物馆远景规划和战略目标》的纲领性文件，旨在"让民众成为博物馆的核心，让博物馆成为社会的核心"[1]，彰显出博物馆的发展理念。1904年英国人D.默里根据欧洲博物馆历史和现状的发展，结合实践编写的三卷本《博物馆的历史及其利用》，进一步肯定了博物馆除了储藏功能之外，还具备文化传播、教育服务等功能。综合以上成果可见，这一时期的研究成果主要是号召博物馆要重视文化传播的教育、普及文化、娱乐公众的作用，博物馆真正的文化传播功能还没有完全得到普及。

结合理论与实践，20世纪30年代，经过半个世纪的实践探索和理论发展，业界对博物馆学的研究成果逐渐丰富，认知逐渐加深。如T.R.亚当姆的《博物馆的公民价值》《博物馆与大众文化》和G.F.拉姆齐的《美国博物馆的教育工作》，从博物馆与大众文化传播、博物馆促进公众文化教育等方面阐述了博物馆文化传播的重要性。1934年，由国际博物馆事务局出版的两卷本《博物馆学》，深化了博物馆研究，并很快被译成多种文字，推动了各国博物馆学的研究。

---

[1] 章代蕾：《让民众成为博物馆的核心——英国博物馆的亲民之道》，半月谈网，http://www.banyuetan.org/wh/detail/20181107/100020003313603154157425729182014 7_1.html，2018-11-07。

第二次世界大战以后到 20 世纪 70 年代，随着社会稳定和经济科技的迅速发展，在学科的综合化趋势的推动下，博物馆学与其他学科不断融合，成为一门交叉学科，并开始以博物馆未来发展方向作为主要研究和思考的方向。这一时期，美国学者赫德森 1977 年出版《八十年代的博物馆：世界趋势综览》[1] 一书，由导言及其他 6 部分组成，主要根据国际博物馆发展现状对未来发展方向做了推断，指出当前环境下，博物馆发展趋势应与信息技术融合，进行文化传播。20 世纪 70 年代以后，随着博物馆大发展时期的到来，博物馆学的专家于 70 年代末提出了"新博物馆学"的概念，对 20 世纪 70 年代之前的博物馆理论及实践进行了反思。

这一时期学界拓展了对博物馆研究的深度和广度。博物馆研究学者不再局限于研究博物馆位置、管理和功能，而是从具体功能出发，探索博物馆在文物储藏功能基础上发挥文化传播和教育功能的理论。

20 世纪 80 年代以来，"全球化的经济快速增长，公众的文化需求持续增强，全球范围内的博物馆开始出现爆发式的增长"。[2] 我国的博物馆也处于大发展时期，突出表现为全国博物馆机构总数从 2011 年的 3069 家增长到 2018 年的 5354 家。这一时期，博物馆从发展理念到技术革新都有了质的改变。

一是博物馆发展理念从"物"到"人"。这一时期，公众普遍意识到博物馆具有不可比拟的价值，不仅能提供学习、研究的场所与知识，还具备教育功能。当时国际上提出了一系列的计划，如"世界记忆""数字地球"等概念和项目；在学术界，开始形成新博物馆学理论，博物馆的发展理念逐步由原来的以"物"为中心转变为"以人为本"。1989 年，彼得·弗格

---

[1] 赫德森：《八十年代的博物馆：世界趋势综览》，联合国教科文组织和伦敦麦克米伦出版有限公司 1977 年出版。

[2] 胡绮：《博物馆中数字展陈的交互设计研究》，博士学位论文，武汉理工大学，2020 年，第 25 页。

（Peter Vergo）在其著作《新博物馆学》中提出，"新博物馆学是一种对'旧'（old）博物馆学、博物馆内部与外部专业普遍而广泛的不满的陈述……旧博物馆学的疏失在于太过于重视博物馆的方法（Methods），而忽略了它的目的（Purpose）"。他认为要重新检验博物馆在社会中所扮演的角色，不能仅仅以增加更多的收入或者观众作为衡量博物馆成就的标准。[1] 新博物馆学的发展理念要转变为"以人为本"。罗班尼·哈里森在 2010 年提出了遗产反思研究（Critical Heritage Studies），提出"将遗产与遗产相关的民众进行思考，力图纠正传统科学保护观的偏颇"，"以人为本"的博物馆建设成为当下趋势，旨在为观众提供更加丰富和智能化的参观体验。国际博物馆协会中国国家委员会主席宋新潮从智慧化的服务、保护和管理三方面阐释了智慧化博物馆的发展和管理模式[2]。劳拉简·史密斯（Laura Jane Smith）从遗产服务角度提出"遗产本质上是一种文化实践，民众在遗产地进行记忆传承、地方认同和国家认同的建构、塑造自我身份实践，遗产载体场所（博物馆）空间发挥了辅助作用"[3]。因此，博物馆"以人为本"的发展理念已经不再局限于储存、展示和文化教育功能，而是发展成为集文化休闲娱乐于一体的综合文化复合空间，承载着越来越多的城市公共服务机构的职能。如经历过历史文化沉淀的大英博物馆，不仅是公共文化服务机构，而且也是国际著名的旅游胜地。博物馆不仅允许公众免费参观，还积极与旅游文产文创结合，让公众把博物馆文创产品"带回家"，让文化传播得更久远。

二是博物馆向"智慧化""数字化"发展。随着信息技术的进步，博

---

[1] Pete Vergo: The New Museology. London: Reaktin Book, 1989. 转引自甄朔南.《什么是新博物馆学》，《中国博物馆》2001 年第 1 期。

[2] 转引自马庆凯：《国际遗产学界新趋势》，曹兵武、赵夏、何流：《他山之石——国际文物保护利用理论与实践》，北京：文物出版社，2019 年，第 37 页。

[3] 同 [2]。

物馆的文化传播路径也向智能化逐步提升。[1] 如表 0-3 所示，胡绮在《博物馆中数字展陈的交互设计研究》一文中将 1980 年到 2020 年分为 1G 到 5G 时代，并且认为互联网技术影响着文化传播质量。20 世纪 90 年代以来，随着信息时代的来临，信息技术介入并广泛应用于博物馆学研究中，"博物馆学属于信息科学""博物馆学的最主要之点在于信息"等观念的出现加大了博物馆信息化的步伐。

表 0-3 1980 年以来互联网技术发展 [2]

年代	1G	2G	3G	4G	5G
	20 世纪 80 年代	1990	2003	2009	2020
技术标准	GSM	GSM, CDMA	W-CDMA, CAMA2000 TD-CDMAWi-MAX	TD-LTE, FDD-LTE	暂未公布
用户速率	24 Kb/s	64 Kb/s	2 Mb/s	100 Mb/s	1Gbps
附加接入功能	无	短信	短信，互联网接入	短信，互联网接入，视频	短信，互联网接入，超高清视频，智能家居

这一时期，国外关于智慧博物馆的建设比较突出。如法国卢浮宫博物馆在 2004 年将 10 余万件馆藏品进行可视化 3D 虚拟成像，并配上法语、英语、西班牙语和日语四种版本介绍放上网站，吸引国内外众多爱好者浏览和下载；2011 年 2 月 1 日起，谷歌宣布"艺术计划"正式上线，将世界上著名的博物馆如美国大都会博物馆、纽约现代艺术博物馆等纳入其中，使受众可以在线全方位立体化欣赏和下载；"英国科学博物馆利用科技和游

[1] 张颖岚：《数字化生存——信息时代博物馆的未来之路》，《中国博物馆》2007 年第 2 期，第 56 页。
[2] 胡绮：《博物馆中数字展陈的交互设计研究》，博士学位论文，武汉理工大学，2020 年，第 26 页。

戏化操作，吸引儿童参与；2012 年 4 月，IBM 宣布与卢浮宫博物馆合作，建设欧洲第一个智慧博物馆"[1]；随着我国"百度百科博物馆计划"实施以来，世界上已有 400 多家博物馆参与进来，成为国内重要的博物馆宣传窗口。智慧博物馆通过与技术结合，将全世界的博物馆进行局域或全域的互联互通，促进了博物馆文化传播。

（二）国外博物馆文化传播研究综述

纵观博物馆文化的国内外研究，发达国家已经将博物馆管理和推广发展成为企业化管理形式，博物馆已成为人类精神生活的重要来源。由于博物馆本身具备媒介传播功能，因此当博物馆产生并发挥作用的时候，就已经发挥了文化传播作用。

1. 博物馆文化传播方面

针对国外的博物馆文化传播，研究者从社会学、文化学和心理学等多角度，分析博物馆文化传播功能。如有的学者从国家意识形态的宏观视角出发，认识到博物馆对传播主流意识形态、提升文化软实力、提升文化自信有重要作用；有学者从微观视角的博物馆受众者角度出发，指出博物馆文化传播的多样性和互动性对于受众的心理、文化接受度有很大的提升作用。米歇尔·福柯（Michel Foucault）将博物馆与教堂并肩，认为博物馆是人类社会不可或缺的场所，并将博物馆文化传播融入人们日常生活和国家历史发展进程之中。托尼·本内特（Tony Bennett）继承福柯的思想，将博物馆与国家意识形态结合，认为博物馆文化传播影响国家文化传播和文化自信。对于博物馆文化传播空间性方面的研究，相关学者认为博物馆文化传播空间本身也是受众认识的情感影响场所，也是区域文化传播的场所和区域文化创新的源泉。如维克托·特纳（Victor Turner）认为，无论

---

[1] 李戈：《国外智慧博物馆是什么样子？》，《中国文化报》2014 年 10 月 30 日，第 7 版。

是戏剧、电影还是参观展览都有阈限性的方面，这里博物馆起到区域文化资源创新源泉的作用。

2. 博物馆文化营销方面

欧美等国博物馆以"博物馆营销"为中心，将博物馆文创产品的开发和市场销售都归属于博物馆营销的范畴。在博物馆文创市场经济不断发展的基础上，为了规范博物馆文创产品的营销，各个国家纷纷成立相关的行业协会。如最早在1955年，在美国成立了博物馆商店协会（Museum Store Association），其目的在于通过博物馆之间的合作高效利用馆藏资源。英国紧跟其后，成立了博物馆出版及商店经营集团（The Group for Museum Publishing and Shopping Management），进一步规划和推进博物馆文创市场的繁荣发展。

针对博物馆文创营销理论方面，美国学者 Peter James[1] 认为博物馆在文创产品营销存在"使命主导型"和"市场主导型"两种作用，两者之间在市场和文化遗产保护方面存在一定的冲突，强调博物馆文创营销要以文化使命为根本，同时兼顾两者之间的关系。Malaro[2] 认为博物馆是以公益性文化机构为前提，针对博物馆文创及宣传所产生的收入必须用于公益性的再建设以提升博物馆文化服务水平及文创产品质量，不能挪作他用。Bryant[3] 认为博物馆营销是为了应对其他文化机构的竞争压力，文创产品经营和影响是为了增强其市场竞争力，并在此基础上确立了私立博物馆协会的营销准则。

---

[1] Peter James: Marketing in Museums: Means of the Mission? in Curator, Vol. 3 (January 1989).

[2] Marie C. Malaro: Museum Governance, Washington: Smithsonian Institute Press. 1994.

[3] Bryant J.: "The principles of Marketing: A Guide for Museums", in Association of indepaident Museums Guideline, NO. 16 (1988).

针对博物馆传播效应方面，Schmitt[1] 提出消费者的体验价值决定了博物馆文创产品的价值，所以应在博物馆进行营销同时，注重受众的体验和反馈，从而提升博物馆的体验价值。Caves[2] 指出博物馆文创要关注受众的体验感受，这种体验价值和反馈要作用于博物馆文创的创意和传播之中。The Metropolitan Museum of Art 一文指出博物馆文创传播的重要性和作用是受众通过参观、购买博物馆文创产品，与博物馆建立相应的艺术情感，进而满足受众的情感需求，因此博物馆文创传播要提升质量。Kidd[3] 指出"随着社交媒体的广泛应用，博物馆应顺应社交网络的发展趋势，注重在网络社交媒体上为博物馆品牌形象推广和教育宣传起到积极的作用。" Pavlouv 认为互联网为博物馆提供了一个广泛传播的渠道，相对于传统的传播方式，博物馆可以充分利用互联网传播，通过大数据更广泛地吸引目标客户，达到不同群体观众进行交流。Shein.lily.huangtc 认为不同类别的博物馆对游客的吸引力不同，通过数据和田野调研分析得出，女性比较感性，更偏爱艺术博物馆，而儿童和成年男性更偏爱理性的科学博物馆，建议博物馆在文化传播和文创产品开发的时候，要精准定位目标客户群体。

3. 国外博物馆文化旅游研究

文化旅游方面，从 20 世纪 70 年代开始，随着旅游产业的全球化发展，博物馆作为重要的旅游地之一，与旅游业密切结合的趋势成为研究者关注的对象，并在此基础上形成了多个分支，博物馆旅游研究开始兴起。

---

[1] Schmitt. B-H.: Customer ejqierience management: A revolutionary approach to connecting with your customers, London: Oxford University Press, 1999.

[2] Caves. R. E.: Creative Industries: Contracts Between Art and Commerce, Cambridge, MA: Harvard University Press, 2000.

[3] KIdd J.: Enacting engagement online: framing social media use for the museum, in Information Technology &People, Vol. 24 (2011), P64-77.

一是对于博物馆功能性的旅游化转向，Stephen[1] 提出要"以人为中心"，博物馆应发挥其公共文化服务功能，应该将为公众服务作为第一要务；Awoniyi 认为现代博物馆的建设应脱离传统博物馆的场域和内容限制，应与周围的文化旅游、经济环境相融合，发展成为"一个大型商业集合体、一个多功能的殿堂、一个盛大华丽的宫殿，进而成为一个能够包容一切的场所"[2]；Brunner 认为"人们在博物馆的行为主要表现为对空间时间和文化意义等各个方面的交流与协商，这是博物馆能够与旅游产生联系的相似之处"[3]。Davies[4] 认为博物馆具有两方面作用，一方面是吸引大众行为的"公众博物馆"；另一方面是博物馆发挥休闲功能的经营，这使得博物馆像一个文化、信息与娱乐中心。

二是对于博物馆旅游功能开发方面，Lee 和 Smith[5] 认为博物馆在文化遗产旅游中有巨大的潜力和开发价值，但是博物馆的公益性又影响了其开发。Myriam 和 Johan[6] 从城市建设和发展的视角出发，提出博物馆通过展示各种文化内容吸引游客，对城市提升品牌影响力具有重要的作用；

[1] Stephen Clews: An Examination of the Effect of Product Performance on Brand Reputation, Satisfaction and Loyalty, European Journal of Marketing, 1996.

[2] Awoniyi Stephen: The contemporary museum Management and leisure:recreation as a museum function, Museum Management and Curatorship, 2001,19(3):227-333.

[3] Bruner, MacDonald, Gordon Fyfe: Theorizing Museums: Representing Identity and Diversity in a Changing World, Oxford:Basil Blackwell, 1999:346.

[4] Andrea Davies, Richard Prentice: Conceptualizing the latent visitor to heritage attractions, Tourism Management,1995,16 (7):491-500.

[5] Lee Jolliffe, Ronnie Smith: Heritage, tourism and museums:the case of the North Atlantic islands of Skye, Scotland and Prince Edward Island, Canada, International Journal of Heritage Studies, 2001,7(2):149-172.

[6] Myriam Jansen-Verbeke, Johan van Rekom: Scanning Museum Visitors: Urban Tourism Marketing, Annals of Tourism Research,1996,57 (3):364-375.

Schouten[1]认为当前博物馆存在吸引观众不足的问题，其原因是博物馆文化展示吸引力度不够，并提出改进措施，即了解普通大众旅游者的游览需求，使用多样化的动态展示手段，提升游客参观游览质量，提升参与性、体验性，最终提升博物馆文化价值。Silberberg 提出要"从内容即产品的感知度、知晓度、服务态度、可持续性、产品的独特性和唯一性、参观的便利性、社区的支持与参与、管理能力与效果等八个方面建立博物馆旅游文化评估要素体系"[2]。

三是针对博物馆旅游的个案研究，Prentice[3]以英国艾丁博格市为例，探讨博物馆旅游与游客的关系，提出博物馆能够发展成为游客精神放松和文化体验的场所；Harrison[4]以夏威夷某博物馆为例，通过对博物馆参观人数和游客在国内逗留时间的统计和分析，证明博物馆在展览、文创、文化旅游等方面对游客的吸引力越大，游客停留的时间越长，带动夏威夷的经济收入就越高。

其他方面，由于作者搜索能力有限，国外关于智慧博物馆的研究基本没有或针对已有的文献发现，国外关于技术层面的博物馆与科技融合基本停留在文化遗产中应用的技术支持层面和实践探索阶段，还没有形成智慧博物馆建设的完整框架和理论研究，无借鉴意义可讲，因此这里的文献综述不再梳理表述。

[1] Frans Schouten: Improving visitor care in heritage attractions, Tourism Management, 1995,16 (4):259-261.

[2] Ted Silberberg: Cultural tourism and business opportunities for museums and heritage sites, Tourism Management, 1995,16(5).361-365.

[3] Prentice R.: Experiential Cultural Tourism: Museums&the Marketing of the New Romanticism of Evoked Authenticity, Museum Management and Curatorship, 2001,19(1):5-26.

[4] Julia Harrison: Museums and touristic expectations, Annals of Tourism Research, 1997,24(1):23-40.

（三）国内博物馆文化传播发展述评

相对于国外，我国国内博物馆文化传播事业发展较晚，但是意识上始终在向西方学习和交流中逐渐发展着认知。自鸦片战争开始国门被迫打开之后，一些有识之士就开始关注国外博物馆的文化传播意义。自1905年中国第一座博物馆建成之后，博物馆就开始发挥着教育和文化传播的意义。

1. 现代博物馆的建设

鸦片战争之后，晚清政府开展洋务运动，大批的清政府官员、外交使节、学者、留学生等有识之士在跟国外接触和文化交流中，在西方看到了现代博物馆这种新奇之物，以笔记、游记等方式对他们所见到的博物馆进行了记录和描述。如书籍《瀛寰志略》（徐继畬，1848）、报刊《申报》等都有关于近代其他国家博物馆介绍性的研究和成果。1868年，法国传教士P.厄德在上海创办了徐家汇博物馆，这是我国近现代最早的博物馆；1874年，国外传教士等在我国创办了自然科学类的博物馆，但是都是作为侵略和搜集，或私有领域的教学场所，并没对公众开放，因此这一时期的博物馆，并没有起到文化传播的作用。

随着洋务运动不断深入，有识之士意识到博物馆不仅具有保存文化、传播知识、文化教育的作用，还具有"有益于民生""裨实用""以为通商之助"等实用性功能。1898年"维新变法"虽然失败，但是其中提出将博物馆建设列入改革之中。近代著名实业家张謇率先做出示范，于1905年在通州师范学校校园内开办了我国近代第一家公共博物馆——南通博物苑，并采用现代管理手段进行管理，标志着中国博物馆事业的开端。

南通博物苑是一座将中国古代苑囿与西方博物馆理念融合的"园馆一体"的综合性博物馆。在这里，学生既可以参观又可以讨论和学习，在成立之初就具备了促进文化教育和传播功能。在成立之初，张謇就把博物馆收藏和文化教育结合起来，标志着我国第一座当代博物馆的成立，具有重要的历史文化意义。这一时期，有识之士逐步认识到博物馆突出的社会使命，也反映了我国近代博物馆兴起之初的务实的价值取向。继南通博物苑成立之后，多家博物馆在国内建立。

2. 20世纪30年代到新中国成立前，我国博物馆文化传播的发展

随着南通博物苑的建立，近代博物馆如雨后春笋般建立。为了更好地管理和交流，1935年5月，中国博物馆协会在北平成立，确立了"研究博物馆学术，发展博物馆事业，并谋博物馆之互助"的宗旨。博物馆协会下设专门委员会，并制作和发行国内行业界第一份刊物——《中国博物馆协会会报》，起到促进博物馆学术研究、文化交流和建设意见的作用，对规范建设和管理我国近现代博物馆具有重要的意义。20世纪30年代中期，产生了一批系统的博物馆学著作，代表作有费畊雨、费鸿年的《博物馆学概论》，曾昭燏、李济编著的《博物馆》，荆三林所著的《博物馆学大纲》等。1942年国立教育学院设立了图书馆博物馆学系，培养了一批博物馆人才。

民国时期对博物馆文化传播的认识也更为深入与成熟，主要体现在：一是对博物馆的组织机构名称、构建以及功能的基本统一，达到了博物馆名称的基本要求。在功能上，博物馆馆藏藏品也有了分类以及对藏品的求真性要求，主要突出历史类、艺术类和自然科学类，同时还有动物园、植物园，内容分类经过专家鉴定，不出错误，方便公众观览。在文化传播上，一般以展览为主。展览基本按照现代化的展览要求，能做到分门别类分区块进行展览；在满足公众文化需求方面也逐步增强，如认为博物馆应服务于展出和展示的管理需要，满足观众的休息等需要，都符合当前的博物馆建设需要。二是博物馆的功能上，提出了以"高阁广场，罗列物品，古今咸备，纵人观览"为口号，主要强调博物馆要"以物为中心"，要求馆藏物品须分门别类，偏重物质实用性和思想启蒙性的多元方向并存，同时对公众开放，不限制观众参观，一定程度上能够起到传播教育的目的。

3. 新中国成立后到20世纪90年代，我国博物馆文化传播事业

新中国成立后，国家开始重视博物馆的社会教育功能。1949年就在北

京大学设立了博物馆相关专业,培养专业人才。并于 1955 年向苏联取经,学习、翻译苏联博物馆管理的书籍,在业界进行推广和学习,为我国博物馆"三性"(收藏性、研究性、教育性)三大功能的确立奠定了基础。

改革开放之后,1979 年 5 月,国家文物局制定了《省、市、自治区博物馆工作条例(草案)》并召开系列会议,规定了博物馆的工作方向,即实事求是地传播文化知识,把工作方向转为向公众传播文化知识,传播博物馆文化教育的功能。这标志着博物馆文化宣传工作的重新起步。1980 年及 1982 年,先后成立了中国自然科学博物馆协会与中国博物馆学会,这些机构发挥了重要作用。在《中国博物馆通讯》(1982 年创刊)和《中国博物馆》(1984 年创刊)期刊上,有多个学者进行发文,还有翻译日文的《博物馆概论》、翻译英文的《八十年代的博物馆》等书籍。此外,国内各大高校纷纷创办博物馆相关专业,培养博物馆相关专业人才进行文化传播和管理。

我国经过了改革开放的繁荣发展,博物馆的发展研究有了更大进步。这一时期,国内博物馆不断与国外博物馆界沟通交流,吸取了国外博物馆的理念与经验,结合我国博物馆实际情况,进行了大量研究性工作,对我国博物馆事业发展起到了引导与指导作用。对博物馆进行有效的教育传播,也引发了博物馆"三性"的讨论,界内人士对博物馆的定义、性质、任务、定位都有了更加深入的认识。

4. 2000 年以后至今

随着科技发展,博物馆文化传播也实现了跨越式发展。特别是自习近平主席提出"让收藏在博物馆里的文物、陈列在广阔大地上的遗产、书写在古籍里的文字都活起来,丰富全社会历史文化滋养"之后,博物馆在"以人为本"的基础上不断进行深化和文化传播创新,出现了"博物馆热"的大跨越发展时期。这一时期,博物馆在受众、理念、实践等问题上都有了进一步发展。

一是对待观众态度上，在"以人为本"的基础上，更加强调关注观众的感受，如增加视觉效应、互动体验等，让博物馆展示在科技基础上更加与人文结合，提倡"博物馆＋科技"结合下的博物馆数字化、虚拟化、智慧化，目的是让博物馆真正成为公众能够终生学习的场所。

二是博物馆管理理念上，随着国家鼓励民间博物馆和私营博物馆的崛起，博物馆开始进入建设数量和文化内容大泛滥时期。博物馆的理念突破了原有的界限，出现了许多以文化旅游和文创服务为主要运营方式的博物馆。这一时期的博物馆有提出"泛博物馆群"建设，也有"博物馆之都"建设，在传播方式上出现了"博物馆＋研学""博物馆＋会展""博物馆＋旅游""博物馆＋科技"等很多形式的结合，使得受众不仅成为博物馆文化的参观者，也成为博物馆文化的消费者和传播者。这一时期有部分学者提出博物馆要引入市场经济，出现了"博物馆文化营销学"理论和思考。同时，在鼓励博物馆文化传播多样化的同时也出现了一些问题，如博物馆事业性质与营销经营收益问题、博物馆文化传播"过度娱乐化"问题、博物馆引入人才问题等。

三是博物馆文化交流问题。这一时期，随着"智慧博物馆"万物互联的提出和发展，打破了原有的博物馆之间各自为政的孤立状态，国内外博物馆之间联合办展览、办研学、共同开放文博文创产品成为主流，中外文化相互借鉴和交流，对我国文化传播和增强"文化自信"有着重要意义。

5. 具体方面的研究

博物馆文化传播在于博物馆机制的功能发挥，将其文化服务传达给大众、社区、甚至国家。博物馆文化的传播有多种形式，有媒体视频传播形式，有通过传统或现代技术的展示和展览形式，有储存和保管形式，也有博物馆应用文物、美术、建筑、文字等其他形式，最终将历史与文化的信息传达给社会大众。

博物馆文化传播方面：于萍[1]介绍了博物馆传播理念被提出的背景，她提出了博物馆传播理念的初步构想："一、'以人为本'，即强调要将传统博物馆以'物'（藏品）为主的展示转变为以'人'为主的服务；二、'双重效应'，即重视博物馆文化资源的市场开发；三、'阅读博物馆'，即强调博物馆信息传播手段的多样性"[2]。李文昌在《博物馆传播学解读》中，大量借鉴传播学的基础理论，对博物馆传播的定义、传播类型、传播行为以及传播功能做了传播学意义上的解读，旨在从新的角度认识博物馆的传播行为，提升博物馆的社会服务水平。乐俏俏的《从受众角度探析博物馆的信息传播功能》[3]，将博物馆观众分为民间观众、普遍观众、精英观众等不同的观众类型，主要从不同观众信息传播需求的特点，开展信息传播工作。宋向光在《信息时代博物馆产出及博物馆与观众的关系》一文中，颇有创意地阐释了博物馆在前信息时代和后信息时代信息产出与观众信息需求的明显区别。张颖岚的《数字化生存——信息时代博物馆的未来之路》[4]，从博物馆信息管理的角度，提出博物馆应当制定信息化发展战略和远景规划，建立博物馆信息服务管理机构，应充分认识博物馆对藏品的保护管理和再挖掘整理的重要性和必要性。以上可见，我国博物馆研究学者普遍意识到博物馆文化传播与受众之间的相互作用，并提出博物馆要"以人为中心"，重视受众的体验和感受。

针对博物馆与媒介融合的研究：除研究融合的概念、意义以外，多从博物馆新媒体技术的交互性、博物馆新媒体传播沉浸体验、新媒体对博物馆的设计等不同侧面进行分析。马玉静[5]从博物馆跨媒体角度讨论博物馆；

[1] 于萍：《试论博物馆传播理念的更新》，《中国博物馆》2004年第4期。

[2] 同［1］。

[3] 乐俏俏：《从受众角度探析博物馆的信息传播功能》，《世纪桥》2007年第3期。

[4] 张颖岚：《数字化生存——信息时代博物馆的未来之路》，《中国博物馆》2007年第2期。

[5] 马玉静：《试谈新环境下的博物馆跨媒体叙事》，《中国博物馆》2018年第8期。

魏敏[1]通过分析西方博物馆学者对观众行为模式的观察和研究，得出新媒体艺术可以通过艺术信息和科技融合，增强观众体验感，增加观众对博物馆展览信息的认知度，开启了现代博物馆展示的新境界。这种多媒体制作的前提侧重于"以人为中心"的多样化服务对我国博物馆文化传播方向有着重要借鉴意义；李恒爽与王冠伟的《对新媒体时代数字博物馆的发展分析》[2]，对比数字博物馆与传统博物馆，得出"博物馆＋科技"的运用，使得博物馆借助科技提供了全新的文化传播方式；包晗雨与傅翼[3]提出，在体验时代的到来和"新博物馆学"背景下，新媒体交互在博物馆展览中更具有社交性的核心优势，认为从服务受众角度，博物馆可以通过开发更优质的新媒体交互方式来创新展示的内容和形式；夏颖翀[4]在肯定数字媒体在博物馆运用中的积极作用的同时，也指出存在信息传递不当的问题，需要融入观众情感化设计进行传播；陈宁欣与衣兰杰[5]通过对比国内外博物馆在新媒体中的实践做法，认为我国新媒体在博物馆社会服务中有广阔的应用空间。综上可见，研究学者对于博物馆与新媒体融合持积极肯定的态度，并对新媒体在艺术信息传递中出现的问题提出相应的完善方案。

集中各案例，针对媒体融合的内容，主要分析博物馆主流媒体供给侧结构性改革，通过理念、内容、形式、方法、手段的创新，逐步在融合发

[1] 魏敏：《新媒体时代的博物馆展览——基于观众研究的分析与探索》，《东南文化》2013年第4期。

[2] 李恒爽，王冠伟：《对新媒体时代数字博物馆的发展分析》，《大舞台》2012年第1期。

[3] 包晗雨，傅翼：《试论体验时代基于新媒体技术的博物馆交互展示》，《中国博物馆》2021年第11期。

[4] 夏颖翀：《博物馆数字媒体展陈设计中的情感化设计思考》，《美术观察》2019年第10期。

[5] 陈宁欣，衣兰杰：《当前新媒体在博物馆社会服务中的应用》，《艺术百家》2013年第12期。

展中确立正确的舆论导向和价值标准，不断提升主流媒体的影响力。张丹[1]以《人民日报》的"时光博物馆"对新媒体的作用做出积极肯定；项李、谷悦[2]、温京博[3]、乐俏俏[4]、谢砚文[5]等分别从南京竺派越剧博物馆品牌形象设计融入新媒体、美国新闻博物馆的数字化媒体介入、浙江省博物馆形象塑造与媒体沟通关系、徐州博物馆社交媒体下的信息传播等方面给予解读，对新媒体作用于现代博物馆文化信息传播给予积极肯定。通过中外实践案例的研究和分析，充分说明新媒体信息传播对博物馆多样化文化传播具有积极作用。

针对博物馆与科技融合方面：王超、何薇等[6]总结了"互联网＋博物馆"学术年会上全国 110 余家业界代表的观点，一致认为博物馆应该与科技、媒体深度融合，真正发挥博物馆文化传播"以人为本"的传播理念，如曹兵武认为博物馆是作为媒介进行传播的；吉林博物馆诸逊提出吉林博物馆应用 GIS 打造私人定制，既体现了博物馆"以人为本"的理念，又体现了博物馆与科技融合，进行个性化文化传播的理念等。陈倩、王晨[7]在《第

---

[1] 张丹：《〈人民日报〉"时光博物馆"的媒体融合探析》，《出版广角》2020年第1期。

[2] 项李，谷悦：《新媒体视阈下南京竺派越剧博物馆品牌形象设计策略与实践研究》，《四川戏剧》2022年第1期。

[3] 温京博：《数字媒体介入下的博物馆情境设计——以美国新闻博物馆为例》，《艺术设计研究》2019年第6期。

[4] 乐俏俏：《博物馆形象塑造与媒体沟通的关系解读——以浙江省博物馆为例》，《东南文化》2015年第8期。

[5] 谢砚文：《社交媒体时代的博物馆信息传播——以徐州博物馆为例》，《东南文化》2018年第6期。

[6] 王超，何薇，王龙霄：《"互联网＋博物馆"——2015年度中国博物馆协会传媒专业委员会学术年会综述》，《中国博物馆》2016年第1期。

[7] 陈倩，王晨：《第七届中国技术史与技术遗产论坛综述》，《自然辩证法通讯》2019年第12期。

七届中国技术史与技术遗产论坛综述》中总结业界观点，从科技应用角度探讨文化遗产的广阔空间，呼吁业界对文化遗产（含博物馆文化遗产）的传承、保护和文化传播。综上可见，研究学者普遍意识到科技对博物馆文化传播的重要性，认为博物馆在对文化遗产保护和传播上要与科技、互联网、媒体等广泛融合。至于具体研究领域，多侧重于具体的科学技术和具体的实践案例，如潘慧的《广州欧科：数字智慧赋能文化遗产新内涵》[1]、郑岚的《浅析文旅科技融合下的专题博物馆发展与创新——以中国 3D 打印文化博物馆为例》[2] 等都是从具体的某个博物馆或者某个科技视角出发，很少从理论角度阐释博物馆与科技融合之间的深层关系。

针对博物馆文创、文旅等产业方面：随着 2002 年十六大报告将"文化产业"正式提出之后，文化机构的产业化发展在学术界也逐渐被思考和研究。博物馆作为文化机构，其发展文创和文化产业中的创意创新作用也被逐渐意识到，我国学者自 20 世纪末就开始关于博物馆文创、文旅相关的研究，并且在数量上呈现逐渐增多、在质量上和内容上呈现逐步分化和深化的趋势。

按照文献数量的增长趋势和时间节点，20 世纪 90 年代至十七大以前，随着我国博物馆事业的快速发展以及国家对博物馆文化传播的重视，学界开始探讨博物馆与其他产业融合的可能性以及具体路径。如徐德明[3] 通过探讨文化产业概念，并将其运用到当前博物馆在保护文化遗产的实践中去，提出了博物馆的产业化前提和作用；陈国宁的《博物馆与文化产业》[4]，

---

[1] 潘慧：《广州欧科：数字智慧赋能文化遗产新内涵》，《广东科技》2012 年第 3 期。

[2] 郑岚：《浅析文旅科技融合下的专题博物馆发展与创新——以中国 3D 打印文化博物馆为例》，《传播与版权》2020 年第 2 期。

[3] 徐德明：《产业概念在博物馆事业中的运用》，《中国博物馆》2003 年 6 月。

[4] 陈国宁：《博物馆与文化产业》，《海峡两岸博物馆学人与全球化的对话论文集》，中国会议，2003-06-30。

借鉴国外发展模式，从当前经济政策、政治、科技、传播等全球化视野探讨博物馆经营理念和需要转型的问题；也有部分研究者根据考察经历，介绍了国外博物馆商店的经营情况和取得的社会经济效益，提出对我国发展博物馆商店的思考；叶俊之《我国博物馆文化产业开发问题》[1]针对博物馆属于"大文化产业"前提背景下，提出博物馆从围绕物为主的产业化和围绕公众文创进行的产业化，既要满足公共文化服务特征，又要创新发展，"因地制宜"；李文儒《发展文化产业：博物馆做什么》[2]针对学界对博物馆公共文化机构的产业化开发的质疑，在会议上提出，不要把公益事业与文化产业对立，不要把文化遗产保护与利用对立，要让两者多元相互结合，发挥多种功能；邹霞[3]从博物馆生存问题角度出发，提出博物馆要破除旧的思想理念，借鉴国外新的经营理念，走文创产业之路；李学军[4]提出要看到博物馆发挥产业的作用，提出整合资源、人才优势、服务优势、开拓旅游市场、面向市场等多方面建议；原三军[5]建议文博系统应积极发展文化产业，主动参与拍摄制作历史文物专题片的工作；陈德声[6]提出，在市场经济背景下，博物馆需要开拓创新，培养营销观念，拓宽渠道，合理有效地开发文化商品，以促进博物馆文化产业的良性发展。总之这一时期，我国学术界对于博物馆产业化开发还停留在应不应该的问题，更多探讨的是"要不要做"的问题，多停留在研究上，缺少对具体案例的实际研究，也没有深入研究。

[1] 叶俊之：《我国博物馆文化产业开发问题》，《中国博物馆》2003 年 12 月。

[2] 李文儒：《发展文化产业：博物馆做什么》，《北京国际博物馆馆长论坛论文集》，国际会议，2004-05-01。

[3] 邹霞：《文化产业与新时期博物馆的走向》，《襄樊学院学报》2004 年 5 月。

[4] 李学军：《如何认识与发挥博物馆在文化产业发展中的重要作用》，《文物世界》2004 年 6 月。

[5] 原三军：《发展博物馆文化产业之管见》，《文博》2006 年 6 月。

[6] 陈德声：《论博物馆文化产业的开发经营》，《中国博物馆》2006 年 12 月。

2007 年以后，随着国家对博物馆文化传播政策的逐渐出台，以及对多元性和互动性、科技融合、文旅融合的重视，学界开始从可行性研究转为实际案例实践研究。至今 15 年中，关于案例研究的硕士论文有 200 余篇，如孙慧婧[1] 以江西八大山人纪念馆为具体个案为研究对象，探讨博物馆如何更好开发出适合旅游需要、大众购买需要的文创产品；贝文玥[2] 从上海博物馆个案出发，从公众需求角度，研究博物馆文化传播服务如何提升的问题。学术期刊探讨的案例研究有上百篇，其中李凤亮等[3] 提出，博物馆在与文产、文创新业态发展过程中，呈现出政府投入新模式、管理新模式、文化消费新模式的改变，提出在文化强国背景下，国内博物馆要多与国际接轨等建议；刘容[4] 针对当前国内外发展严峻形势，提出中小型博物馆要抱团发展，互相取暖，建立博物馆文创联盟的建议，指出中小博物馆要将共同发展、跨界和融合放在最重要地位的建议。由此可见，当前博物馆文产、文创融合趋势背景下，学界对博物馆的发展一方面体现在具体案例实践路径分析上，一方面国内前沿学者开始探索和思考国内中小博物馆的发展方向以及博物馆面对新业态、新问题等如何解决的问题，对博物馆进一步发展提出了更为广阔的理论空间。

综上所述，梳理国内外博物馆文化传播的脉络和学者研究，可以看出，相对比国外博物馆文化传播，我国博物馆虽然起步较晚，但是也经历了博物馆—数字博物馆—智慧博物馆三次大跨越发展时期，从发展理念上也经

---

[1] 孙慧婧：《文旅融合背景下博物馆文创产品设计研究与实践 ——以江西八大山人纪念馆为例》，硕士学位论文，江西财经大学，2020 年。

[2] 贝文玥：《公共需求导向下博物馆公共服务能力提升路径研究 ——以上海博物馆为例》，硕士毕业论文，中共上海市委党校，2021 年。

[3] 李凤亮，古珍晶：《我国博物馆文化新业态的产业特征与发展趋势》，《山东大学学报（哲学社会科学版）》2022 年第 1 期。

[4] 刘容：《抱团、跨界与融合：博物馆文创联盟的当下与未来》，《东南文化》2021 年第 6 期。

历了"以物为本"到"以人为本"的转变。特别是国家从理念、科技上对博物馆的重视和支持，我国博物馆文化传播有着大跨越发展和进步。但是理论与实践发展相对滞后。前人对博物馆的文化传播的重要性以及所运用的技术、媒介、发挥的作用等都做出了详细的描述，尤其是阐述了博物馆文化传播的历史和现状，肯定了博物馆对于历史文化、艺术知识、普及教育、娱乐公众、提升文明的功能，强调了博物馆文化传播公共文化服务的作用。

针对博物馆文化传播的研究，学术界大体分为基础理论和应用理论两大部分，在"以人为本"基本理念作用下，博物馆文化传播又进行了行业细分，包括"博物馆+新媒体""博物馆+科技""博物馆+文创服务""博物馆+文旅"等具体方面。相对比国外研究和实践来看，我国博物馆文化传播学在理论上相对滞后。但是在实践上，由于博物馆多、文化遗产多样性和政策依托，博物馆文化传播正呈现出蓬勃发展之势。总之，"博物馆文化传播理论体系是一个相互依赖、相互渗透、彼此交叉的多层次的系统"。[1]

---

[1] 阳慧：《博物馆的文化传播方式研究》，专业硕士论文，湖南大学，2015 年。

第三节　研究背景

自 1905 年，我国第一座现代博物馆——南通博物苑创办以来，我国博物馆文化传播事业已经走过了 115 年的发展历程。自习近平总书记提出"让文物活起来"之后，我国更加重视博物馆文化传播的发展。随着我国文化事业的不断发展以及公众对精神文化的需求的增长，作为我国社会主义文化事业的重要组成部分，博物馆兼具收藏历史文物、传播各类精神文化、教育引导民众等多重功能，是人民群众了解我国优秀文化的重要场所，从某种意义上说，博物馆是一座城市的历史，是一个国家的历史，也是当地百姓的精神家园，对满足广大人民群众的精神文化生活具有重要价值。

一、博物馆承载着文化传承和传播的重要功能

国际和国内公认的博物馆的定义决定了博物馆具备收藏、保存、研究和展示不同种类的人文艺术和科学领域遗产的功能，对于承载本土历史记忆、塑造大众文化素养等方面担当着重要且积极的角色。特别是随着人们观念的深入和精神文化需求的增加，博物馆的社会作用正在发生变化，人们逐渐意识到博物馆的本质是"物"，而服务的对象是"人"。

不同于过去静止不变和单纯保护和收藏文物的机构，当今的博物馆已然成为人们活动的文化中枢，以受众为中心，以社区为导向，利用馆藏的文化遗产与当前科技、创意、知识相结合，成为大众可以共同创造、分享

和互动的平台。自"故宫热"以来，国内博物馆通过展览、研学课程和路线开发、文创产品宣传和营销、新媒体传媒等形式营造观众喜爱的沉浸式的环境空间及有意境的文化艺术氛围，对受众具有文化启迪和精神提升的作用。如河南在博物馆拍摄的《唐宫夜宴》网上当日浏览量突破10亿，《精英传奇》等游戏在情景上引入知名博物馆情景，使得年轻受众在娱乐中享受博物馆知识的快乐；《帝陵》《我在故宫修文物》《如果国宝会说话》等一批优秀文博纪录片的播出，让人们对博物馆行业的关注又掀起了新一波热潮。

同时，博物馆兼具保护和传承人类文明的功能，受众通过博物馆文化传播，参观、理解和领悟国内外历史文化和文明，并在自身的文化实践中有所体现。博物馆通过潜移默化、薪火相传的方式传承历史文化，也有助于传播国家文化，塑造国家形象。5月18日是"世界博物馆日"，每年不同的国家在博物馆内开展系列活动，向世界传播文化文明，有助于全球不同区域、不同国家、不同种族之间的跨国界合作、跨区域互动、跨文化交流和相互理解，彰显博物馆的当代传播价值。

二、博物馆是公共文化传播体系重要组成部分

作为公共文化服务体系的一个重要组成部分，博物馆承载着中华优秀传统文化和我国五千年文明的优秀基因，对于公共文化传播具有重要的作用。特别是随着《中华人民共和国公共文化服务保障法》的颁布和实施，博物馆作为"大文化"和公共文化服务的重要场所，被赋予历史和美学文化传播的更多期待。

党和政府十分重视博物馆建设和文化传播作用。为了提升我国博物馆的专业化发展水平以及增强博物馆公共服务能力的需要，国家相关机构多次出台文件提出博物馆与相关科技融合，提升博物馆发展质量、延展文化传播渠道，建立惠及全民的博物馆公共文化服务体系。2015年颁布的《博

物馆条例》提出，博物馆的基本功能就是"满足公民精神文化需求"[1]，建设"主体多元、结构优化、特色鲜明、富有活力的博物馆体系"[2]，并且为了弥补公共博物馆不足，鼓励私人和民办博物馆建设。"近年中国博物馆以平均每年新增约150家的速度增长，随着博物馆免费开放政策的不断深入，博物馆已不仅是传统意义上的文物收藏、保存、研究的专业机构，还是提供展示、教育、开放服务的公共文化服务机构。"[3] 有国外媒体称"中国正在以超现实的规模开办博物馆"。

根据国家文物局数据显示，2008年到2018年的十年间，我国的博物馆从2008年的2970家增长到2018年的5136家，民间博物馆超过1400家。说明社会重视和关注博物馆建设，像南京、西安、洛阳等历史文化深厚的古都城市纷纷提出建设"博物馆之都"的口号。2008年博物馆实行免费开放以来，越来越多的人走进博物馆，2018年博物馆年接待受众数量已经超过10亿人次。一系列数据说明，公众参观博物馆已经成为一种休闲娱乐方式，博物馆文化传播与受众行为形成了良性互动。

三、博物馆文化传播要适应人民群众的精神文化需求

博物馆具备文化传播功能与发挥好文化传播功能还有一定的差距。随着人们生活水平和受教育程度的提高，传统博物馆走马观花式的文化传播方式已经不能满足人们的精神文化需求。

---

[1] 颁布令全文：中华人民共和国国务院令第659号《博物馆条例》已经于2015年1月14日国务院第78次常务会议通过，于2015年3月20日起施行。

[2] 新华网：《未来五年文物工作怎么干？五方面带你了解〈国家文物事业发展"十三五"规划〉》，http://www.xinhuanet.com/politics/2017-02/23/c_129491148.htm，2017年2月23日。

[3] 《〈博物馆条例〉专家系列解读文章系列之二——发挥博物馆传承中华优秀传统文化、弘扬社会主义核心价值观的作用》，https://www.471.cn/falvtiaowen/15207.html，2016年2月21日。

如表 0-4《近 2017—2021 年博物馆日主题及意义》可见，博物馆随着社会的变化发挥的作用也逐渐变化，2017 年的讲述历史、造福社会——2018 年的强调运用新方法吸引观众参加——2019 年的增强与观众互动交融——2020 年国际局势紧张的背景下，发挥历史文化作用，提倡多元和包容——2021 年后疫情时代的博物馆如何突破传统传播方式，发挥自身作用。可见，博物馆发挥文化传播作用，要不断与现实结合，与人民群众当前文化需求结合，需要打破现实边界，拓宽传播领域，勇于创新，创新传播手段、创新方法、创新体验，跨界融合，充分发挥互联互通作用。

表 0-4　2017—2021 年博物馆日主题及意义

年份	博物馆日主题	意义和主旨
2017	博物馆与有争议的历史：博物馆讲述难以言说的历史	博物馆努力造福社会，致力于打造促进人类和谐共处的重要场所
2018	超级连接的博物馆：新方法，新公众	鼓励博物馆发挥积极作用，主动参与调解，并提供多元视角促进超级连接的博物馆：新方法、新公众与历史伤痛的愈合
2019	作为文化中枢的博物馆：传统的未来	博物馆正在重新定义自身，变得更具交互性，以观众为中心，以社区为导向，更具灵活性、适应性和可移动性。它们成为文化中枢，是创意与知识相结合的平台，观众可以共同创造、分享和互动
2020	致力于平等的博物馆：多元和包容	在日趋极端化的环境下，多元与包容面临挑战和各种社会问题的复杂性，虽不是博物馆和文化机构所独有的，却因为社会对博物馆的高度重视而显得尤为重要
2021	博物馆的未来：恢复与重塑	聚焦后疫情时代，面对未来社会、经济、环境等挑战，博物馆应如何开启新思考、探索新模式、提出新方案，展开广泛探讨

如 2021 年，我国国内的"博物馆日"活动携手中央电视台、华为公司等，

推进"展览＋媒体＋科技"的跨界融合，为广大公众提供前所未有的展览解读和观展体验。这些标语的变化体现出了博物馆转变的新姿态，即博物馆主要的功能从塑造和展示国家高高在上形象的机构转变为为大众服务的文化机构。在宣传方式上从国家文化形象宣传的窗口转为以大众服务为中心的文化宣传场所。"这包括了博物馆发展与当代城市化进程相同的走向，尤其是随着中国城市化的不断推进，消费文化的兴盛，以文化普及为目标的公立博物馆往往又与大众文化的机构形成了既相互竞争又彼此呼应的密切关系。"[1]

四、博物馆文化传播具备技术和持续发展条件

随着互联网和科技的进步，影像、直播、VR、可视化等技术的发展，带领观众进入沉浸式场景体验等应用的开发，为博物馆文化传播创新和多元化开发提供了技术支持。同时，我国进入消费和信息社会以及对于文化教育、文化知识的认知普遍提升的时代，公众对于追逐猎奇和文创、文化旅游的体验都具备了物质和精神条件，这为博物馆的文化创新和多元开发提供了发展动力。

一方面，数字技术以及媒介的发展。受众运用新媒体消费习惯已经改变，更多的是关注度经济和瞬间的"文化产品热"经济，这势必影响到博物馆展陈及相关产品的设计。如故宫博物院开发文创产品初期的 2012 年就做过调研，结果显示："20.1% 的人来博物馆之前就有购物打算，购物预算平均 274.8 元。实际情况是 49.4% 的国内参观者，54.4% 的国外参观者光顾了故宫的商店，然后只有 18.2% 的国内参观者，22.2% 的国外参观者购买了纪念品。未购买的原因：51.4% 的人认为价格贵，14.3% 认为没有喜

---

[1] 周宪主编:《当代中国的视觉文化研究》，南京: 译林出版社, 2017 年, 第 342 页。

欢的。"[1] 通过以上调研得出，公众对于对博物馆文创产品的内在需求，即"要求几乎百分百是有故宫特色，有中国特色，有纪念意义。"[2] 这样，在 2012 年之后，故宫博物院研发的文化创意产品逐渐增多，并在 2015 年创收超过 10 亿元。至今故宫博物院的文创产品水平仍居国内博物馆界首位。而随后省级博物馆、市级博物馆相继进行多样化的文化传播，多次引起博物馆热。如 2020 年，河南博物院百元一个的考古盲盒热度达到半夜排队买考古盲盒，网上一盒难求的地步，引发了"盲盒热"；三星堆出土的"黄金面具"引发了科普人士花几十万手工打造进行直播解说，引发了国内顶流媒体的关注；为加强敦煌保护力度，利用现代科技进行网上 360 度高清观看等，博物馆运用相关技术和创意创新，激发了公众关注博物馆文化的热情。

另一方面，公众的消费理念提升也带动了博物馆文化传播。当前随着社会教育和收入水平的提高，年轻人对高品位审美活动的需求越来越多，高品质与流行文化紧密结合趋势明显。特别是年轻人普遍把"参观博物馆作为一种生活方式"。据 2019 年相关博物馆观众调查显示，"2019 年春节期间参观博物馆、美术馆、图书馆和科技馆、历史文化街区的游客比例分别达到 40.5%、44.2%、40.6% 和 18.4%，观看各类文化演出的游客达到了 34.8%。首都博物馆 18 岁以下的参观者和家人一起参观的占到了 43.9%。陕西历史博物馆 19 岁至 30 岁之间的参观者占总人数的比重达 44.62%"。[3] 更多人利用现代媒介观看博物馆，法国卢浮宫博物馆的搞笑蒙娜丽莎表情包、陕西省博物馆推出的唐代胖妞表情包等被年轻人大量下

[1] 倪婉，吴晓松：《让可移动文物活起来》，武汉：武汉大学出版社，2015 年，第 328 页。

[2] 同 [1]。

[3] 中国旅游研究院：《中国国内旅游发展年度报告 2019》北京：旅游教育出版社，2019 年；转引自张贺：《博物馆，客从何处来（解码·文化消费升级）》，《人民日报》2019 年 4 月 8 日，第 11 版。

载；传统中秋佳节，各大博物馆利用馆藏文物元素制作的特色月饼，吸引网络大卖等，公众对博物馆文化消费越来越有影响力，随着年轻一代的成长，激发着博物馆文化传播更加丰富和更具活力。

综上所述，在科技进步、社会发展、文化艺术生态繁荣的环境背景下，博物馆大众传播与公共文化服务性增强，更加具备复合功能。作为大众媒介的博物馆，在时代变化中与受众的关系也发生变化，逐步从二元分离的主客体关系到"以受众为中心"。从受众的需求视角，利用数字技术、新媒体、文化旅游、文化创意等多元视角进行博物馆文化传播，既能满足受众的知识获得、审美诉求以及文化消费需求，又能提升传播历史文化知识的功能，也能提升区域、国家乃至在国际上的文化形象，对传播中国传统文化有着不可替代的作用。

第四节　研究意义

新时代背景下，博物馆作为公共文化服务机构，其作为媒介的文化传播形式越来越受到公众的重视。博物馆从实体实物的传统的展陈、书籍和研究的文化传播已经转变为与创意文化设计、产业、技术等结合的无所不在的信息呈现与传统相结合的社会空间。从实质上看，博物馆从向社会公众开放的那一时刻开始，就已经与大众和博物馆之间的文化传递产生了千丝万缕的联系。当今，在国家政策和财政鼓励的支持下，博物馆的文化传播方式逐渐脱离传统的束之高阁、曲高和寡的状态，逐渐与大众的文化消费需求、文化知识渴望、文化媒介习惯相结合，逐渐成为公众文化需求的一个重要组成部分。因此研究博物馆多元文化传播具有重要的意义。

一、有助于拓展现代博物馆文化传播路径

博物馆通过与文创、文化旅游、文化教育等多元结合，能够扩充和延展博物馆在社会层面的认知，突破博物馆传统的"单向"以展览、展示、文化教育传播的静态传播特点，有助于拓展现代博物馆文化传播路径。

一是技术应用方面，互联网时代已经渗入社会生活的方方面面，博物馆如何利用信息技术，与科技融合，推动博物馆的文化传播功能和多元发展，这是重点，也是难点。通过科技作用于博物馆，使得影像技术、动画技术、数字音频、视频、全景方针、AR\VR 技术、3D 扫描技术等应用于博物馆馆

藏文物和博物馆文化传播的技术需求之中，使得博物馆由静态的物的展示转向动态传播变成现实。同时，博物馆信息技术的应用和教育功能也在加强，二者相互结合、相辅相成，使得博物馆构架之下的文化教育功能加强，人民群众接受到博物馆获取文化传播信息，并成为日常生活一部分，文化素质得到提升，思想水平提高，使得博物馆的文化传播功能通过信息技术体现出来。

二是多媒体融合方面，博物馆与媒体结合，拓展了文化传播的渠道和空间。一方面博物馆本身传播受到区域和空间的局限，在文化传播广度和深度上受到很大制约。通过与媒体融合，将博物馆文化资源以综艺节目、网络故事、历史传说的书籍、文化旅游景点宣传的形式呈现并与和博物馆文化符合的动漫、电视、电影、游戏等结合，使博物馆文化传播内容覆盖面广，受众的接受度高、参与度强，从而提升博物馆文化传播水平。

三是作用于文创文旅方面，博物馆拓宽了文旅的文化空间，博物馆所承载的区域性文化资源和文化艺术信息能够提升城市文化品牌。同时，作为免费开放的公共文化服务机构，将历史文化、艺术信息集大成于一体，使得博物馆作用于文创方面，成为创新创意的灵魂，并且具备可持续性。另一方面，博物馆作为城市的文化地标，是展示城市文化品牌的重要门面，吸引游客前来旅游，感受文化内涵，提升文化传播价值。

二、促进博物馆从被动向主动传播

博物馆肩负着保护民族遗产和提升国民素质的重要使命，是社会主义公共文化服务当中非常重要的组成部分。传统固有的观念导致公众对博物馆的印象一直停留在博物馆是文物储藏机构，文化传播功能处于次要的地位。因此，要打破固有思维，加强博物馆的文化传播功能，就必须把博物馆充分进行利用，发挥其内在的能动性，将博物馆变成公众乐于参与的精神家园。

当今，随着科技的进步和市场经济竞争日趋激烈，文化软实力竞争已经进入白热化的趋势。博物馆的功能已经从原来的寻找文化转变为传播文化。博物馆作为历史文化资源较为丰富的地方，以及公共文化服务机构，向公众进行文化传播已经是使命和责任。博物馆自 20 世纪 80 年代，从"以物为中心"转变为"以人为中心"。因此，为人民服务是博物馆文化传播的主要功能。这就需要加快建立博物馆的网络资源体系，实现"实体 + 网上 + 博物馆"以及"博物馆 + 博物馆""博物馆 + 受众"之间互联互通，实现更深层次的资源共享，重新确定自己的智慧运营模式，最终达到博物馆之间、博物馆与产业、博物馆与受众彼此共存、共荣的发展状态。只有博物馆自身做大做强，才能发挥博物馆的文化传播功能，承担起社会和历史赋予的责任。

如何加强博物馆的文化传播功能，本书认为一方面要加强科技、其他媒介和博物馆之间的联合，进行主动传播，起到博物馆文化传播的广泛性作用；另一方面是加强博物馆的教育作用，通过历史文化艺术资源进行宣传和推广，运用教化的方式来启迪人们，改变他们对于博物馆的狭隘认识，使他们成为博物馆文化的传播者。

三、促进公众认知改变，接受和传播博物馆文化传播内容

文化需要通过传播得以延续和发展，传播也需要文化得以丰富和生动。博物馆是一个地域历史和文化积累的总和，它使众多文物、艺术品汇集在一起，传播历史文化，给人们以美的享受。随着博物馆免费开放，博物馆文化不断走进寻常百姓家，影响着百姓的日常生活，并逐渐提高民众文化素质、个人修养，提升整座城市文化品牌建设。

对于城市品牌建设而言，"一座城市，经历上千年的积累，形成独特的城市文化特色。在全球化、城市化、工业化的浪潮中，城市文化的特色正在消退，城市一旦没有了文化特色，就如同人失去了灵魂和精神一般，

失去活力、失去未来"。[1] 博物馆对城市的影响体现在博物馆文化传播能够促进城市人们的文化素质的提升，从而作用于城市文化品牌建设。

对于受众而言，在博物馆文化传播中，受众既是文明的创造者，同时也是受益者和传播者。博物馆通过利用传播自身文化资源，向公众展示历史、考古、艺术、科技等人类文明实践成果和痕迹，使公众获取科学文化知识，提高文化修养。同时，公众作为传播者，在汲取博物馆教育、娱乐传播内容同时，通过个人途径不断传播和扩散，进而促进博物馆文化传播。这样，通过博物馆文化传播方式相互之间的互动，使得经济、政治、科技、教育、文化、社会等多方面协调发展，形成一个多层面、立体的结构，从而形成参与性更强、影响范围更大的文化生态圈。[2]

[1] 孙家正：《建设形神兼备的城市家园》，在城市文化国际研讨会上的发言，2007 年 6 月 9 日。

[2] 山西省文物局编：《晋陕豫冀博物馆理论与实践研讨会论文集 2013 版》，太原：山西人民出版社，2016 年，第 20 页。

第五节　研究内容

本书研究内容框架以博物馆多元文化传播为内在脉络，将博物馆文化传播的理论分析与不同层面的文化传播案例剖析相结合，从宏观社会背景、历史发展脉络、国内外文化传播理念以及相关概念切入博物馆多元文化传播，从博物馆文化传播与新媒体结合、文创产品、现代科技、文化旅游开发等方面具体论证和分析，进而提出基于"博物馆＋"背景下多元文化传播的路径及其相关理论实践。具体研究思路如下几点：

第一部分：绪论。从时代背景、国家政策、博物馆文化传播发展历程、文化传播的特点以及媒介特征等方面，多维视角阐述博物馆多元文化传播的历程及重要性。

第二部分：概念、框架及思路方法分析。首先，使用根据相关政策和文件对相关概念进行界定和分析，厘清博物馆文化传播的对象和内容；其次使用文献分析法，对国内外博物馆文化传播的发展历程、理念及特点、博物馆文化传播的发展历程以及特点进行总结，梳理清楚相关脉络，为进一步撰写本书提供参考经验和方法。

第三部分：研究动态分析。梳理国内外发展历程中的相关研究资料，通过对国内外博物馆、文化传播理念、特点、博物馆＋科技、博物馆＋媒介、博物馆＋文创、博物馆文化传播营销及受众等相关研究现状进行梳理，分析国内外博物馆文化传播异同及差距，了解博物馆文化传播最新研究动向，归纳和总结相关经验，为进一步撰写博物馆多元文化传播的具体方向提供思路和方法。

第四部分：凝练总结新媒体、文产文创、科技、文化旅游等四个方向，从多维视角对博物馆文化传播的理论与实践进行分析。以博物馆多元文化传播为主线，运用智慧博物馆背景下，"博物馆+新媒体""博物馆+科技""博物馆+文创产业""博物馆+文化旅游"等多种视角对博物馆文化传播的理论进行分析，探讨新媒体、文创产业、科技、文旅融合在当下的发展趋势，结合博物馆当前文化传播需要，与之相架构，并结合案例和实践对每一个方向进行每一个侧面的论证，进行多元文化传播路径和实证分析，以期探讨博物馆多元文化传播的路径和方法。

第五部分：博物馆多元文化传播的问题与对策。针对博物馆文化传播中出现的问题进行分类和分析，从宏观问题——政策、体制机制问题；中观——文化传播人才、资金、社会参与度等问题；微观——博物馆自身文化传播的意识、管理、营销、过度娱乐化等三个层次进行论证分析，总结博物馆多元文化传播存在的问题和不足。结合博物馆文化传播过程中存在的问题，从宏观——顶层设计角度（体制机制改革、政策扶持和倾斜）加强博物馆多元文化保障，中观——人才培养、资金来源、社会参与度多横向面进行多元文化外在和内在提升，微观博物馆自身多元化探索（博物馆与科技、媒介、旅游、文创文产……），不设定固定思维，运用"博物馆+"文化传播多元化等提出对策和建议。

第六节　研究方法

社会科学的研究方法核心在于实证，即力图通过研究，收集到充足的证据和案例，来证明自己的观点。研究的重点在于探求事物的本质和规律，即"是什么"和"为什么"的课题。本书"多维视角下博物馆文化传播的理论与实践"，从理论角度进行性阐释博物馆文化传播的内容和作用，从实践视角进行论证和传播。主要运用的方法有文献分析法、问卷调研、分析法、实践案例解读法、传播学方法等方法。

一、文献分析法

确定研究方向，前期准备阶段。从博物馆文化传播发展（如国内外博物馆文化传播发展的几个阶段及其传播特点）、文化传播介质（从传统的场地展览到当今多元、多领域、多行业的合作和文化传播）、文化传播受众（服务研究者——爱好者——博物馆文化传播进入教育——形成全社会的"博物馆热"）、文化传播消费、营销、管理等角度，多方面搜集大量相关的文献资料，结合前期国内外研究成果，对文献进行梳理，"站在巨人肩膀上"进行研究，为本书的撰写充分地奠定理论基础。

二、比较分析法

在对前期资料梳理分析的基础上，进行归纳总结，一是比较分析国内外博物馆文化传播的不同、我国博物馆发展相对较晚的现状，以及国内博物馆文化传播可以借鉴的因素，为提升我国博物馆多维文化传播宽度和广度做基础研究；二是比较分析国内博物馆文化传播不同时期，文化传播的特点及进步之处，如从 1905 年我国第一座近代博物馆建立—"以物为中心"—"以人为中心"的传播方向和目标的转变，传播媒介从实物展览—网上博物馆—智慧博物馆互联互通的变化，以及相互之间的逻辑关系，需要进行比较研究。

三、调研法

通过网络问卷、实地考察、电话调研、材料收集等相结合的方式，对相关的博物馆及其相关的文创企业进行调研，了解不同层次、不同作用的博物馆文化传播的现状、特点以及发展文化传播的困境，对搜集和整理的资料进行横向和纵向分析，为实践案例相关内容进行充实和分析。

四、归纳演绎法

对前期的调研与案例进行整理，了解"博物馆+"文化传播的理论及传播形式，针对不同类型的案例进行归纳和梳理分析，对"博物馆＋媒体""博物馆＋科技""博物馆＋文产文创""博物馆＋文化旅游"不同侧面的案例进行整理和分析，总结出博物馆多元文化传播的整体发展状况。

第一章

新媒体与博物馆文化传播

第一节　新媒体融入博物馆文化传播

一、博物馆文化传播概述

文化传播，是指人类文化在不同地域之间或者不同群体之间传播的过程。国际博物馆协会在哥本哈根拟定的会章中指出："博物馆是一个不追求营利的、为社会和社会发展服务的公开的永久性机构，为研究、教育和欣赏的目的，对人类和人类环境见证物进行搜集、保存、研究、传播和展览。"[1] 这段定义说明了博物馆所具有的基本特征：一是具有非营利性，为社会大众提供免费公益服务。二是具有直观性，通过直观地展览文物藏品，展现藏品价值及其背后的文化内涵。三是具有教育属性，为社会发展服务，具有教育公众的作用。博物馆文化传播，就是指博物馆通过将展品向群众展览，进而教育民众、传播文化，以不断提高群众的文化欣赏水平，从而实现其社会传播和教育服务的功能。

（一）博物馆文化传播的作用

博物馆是国家文化遗产的重要收藏机构，需要通过多种手段展现国家的文化内涵和文化底蕴，发挥好文化传播的作用。首先，博物馆文化传播，有助于建设文化强国，增强文化自信。博物馆是公共文化服务体系建设中

---

[1] 文化部文物局教育处,南开大学历史系编:《博物馆学参考资料(下册)》,1986年,第377页。

的重要一环，通过讲解中华历史文化，可以有效弘扬和传播中华民族优秀传统文化，创新发展传统文化，不断增强中华民族的认同感和文化自信。其次，博物馆文化传播，有助于开展社会教育，提升群众文化素养。博物馆通过陈列、展览、讲解为群众提供一个高质量的社会教育和社会服务，在革命传统文化、红色文化、黄河文化、国防教育、社会教育等方面发挥重要作用，同时提高群众的文化鉴赏能力和文化欣赏水平，达到以文化育人的功能。最后，博物馆文化传播，有助于提升城市形象，实现文化和旅游融合发展。博物馆展现的是一个地区和一个城市的历史发展和文化底蕴，通过博物馆文化传播，将有助于地方旅游经济发展，提升城市的文化品牌和影响力。

（二）博物馆文化传播的特点

博物馆文化传播地位特殊，主要具备以下特点：

第一，博物馆文化传播具有系统性。博物馆构成元素复杂，文化分支较多，经过工作人员的整理后，会按照区域、时间、类型等有序排列，形成一个分层次、分时间、分类型的完整文化体系。

第二，博物馆文化传播具有直观性。传统的博物馆文化传播往往是面对面的文化展示，通过有序排列将藏品陈列，并面对面地在现场对群众进行讲解和社会教育，是一种现场教育。

第三，博物馆文化传播具有区域性。不同区域的文化有不同的特点，博物馆往往展现的是当地的藏品或者文物，通过对当地藏品或者文物进行展示，呈现地区文化特点和历史发展状况。

二、新媒体背景下博物馆文化传播发展方式

新媒体是与传统媒体相对应的，通过有线网络、无线网络等数字技术，利用电视、手机、电脑等终端，向用户提供服务的一种媒介形态。新媒体

的核心就是通过数字化交互性的固定或移动的多媒体终端向用户提供信息与服务，创新之处在于新的媒体互动方式、新的传播方式和新的媒体技术运用。博物馆文化传播既运用了传统的传播方式，同时也采取了现代信息技术的手段，它们同时存在，在博物馆文化传播过程中产生叠加效应，传统方式和新媒体方式相互补充、相互依辅，共同搭建起博物馆文化和社会公众之间的传播桥梁。传统的博物馆文化传播更多依赖实物类资料，而在新媒体时代下博物馆将通过互联网媒介对展品资源进行传播，不再受限于时间空间限制，创新服务方式，主动吸引受众，以提升自身文化影响力。如在博物馆运用 VR、AR 等技术，开发两微一端产品等新手段，利用新媒体资源，实现传统文化智能化传播，让受众经历前所未有的文化体验，创新升级文化生产和传播方式，使文化服务功能拓展，文化传播的空间和辐射范围进一步拓宽。

在信息技术迅速发展的当今社会，利用新媒体进行文化传播已经成为博物馆文化传播的主要趋势，智慧博物馆、虚拟博物馆、数字博物馆等成为新的发展方式。国内博物馆主要通过微信公众号、微博、抖音、小红书等新媒体平台开展服务，国外博物馆则更多的通过 VR、AR、博物馆在线游戏、博物馆导航系统、Twitter、Facebook 社交网站等开展文化传播。博物馆运用新媒体进行文化传播既突破了博物馆的服务空间限制，也更好地满足了群众的多元文化需求，受到了群众广泛欢迎。根据虚拟媒介的平台性质和用户端口差异，本书将结合国内外博物馆应用现状，从博物馆官方网站、社交网络平台及移动智能 App、网络电视平台等四种类型进行论述。

（一）官方网站

国内倾向于将官网和虚拟博物馆合二为一，在网站上进行部分藏品的虚拟展示。尽管部分博物馆网站令人"怦然心动"，但大多数博物馆网站在建设中并没有特别重视视觉效果以及视觉传达，栏目也几近相同，主要为展览展示、活动预告、服务咨询、教育研究，网站存在互动内容少、特色不足、展品内容不充分等问题，没能将网络技术的优势充分发挥出来，观众体验效果不是很好。从当前国内博物馆网站总体情况来看，博物馆对于视觉文化传播的重视度不高，虽有利于视觉信息的传播，但在色彩设置、图文搭配、影像放映等方面都还有很多缺陷。

欧美博物馆官网在互动方面值得我国学习。它们不仅对文物展品进行充分展示，及时发布各类资讯消息，并且在科技的支持下对藏品价值进行二度挖掘。换言之，网站不再只是辅助服务工具，而成为博物馆的有机组成部分，承担着视觉展示和文化传播的职能。国外博物馆对藏品进行充分开发，挖掘藏品与人之间的内在联系，同时在网站上对应不同参观组，由工作人员在线进行引导，启发观众进行参与，增强观众与展品之间的互动，展现生动活泼的文化价值。同时，许多西方大型博物馆在网站上设置论坛，允许来自不同地域的观众在此进行交流和探讨，分享游览心得。一些博物馆重视观众提问，设置自动回复的博物馆机器人，观众可以通过向机器人提问，迅速获得未知问题的答案，在机器人无法回答时可选择人工服务，体现出"以人为本"的思想与理念。

（二）网络社交平台

国内博物馆对社交平台的应用呈现集中现象。论坛、贴吧、微博、微信等都是博物馆常用的网络社交平台，其中微博和微信是主流趋势，这类平台以影像和软文形式发布的内容较多，突显的是博物馆的互动和引流能力。

经过二十余年的发展，论坛、贴吧成为网民获取博物馆信息的重要网络阵地。以中国乃至全球最活跃的网络论坛之一的百度贴吧为例，输入"某某博物馆吧"几乎都会有相关的信息和网民讨论回帖，尤其以参观后的心得体会居多。此外，美团网、大众点评等评价性交流平台也是博物馆信息传播的平台，许多意向参观者前往博物馆参观前会搜索相关游记和评论。

以上交流平台均有一个特点，就是主导者非官方。官方组织的交流意向较弱，仅仅在危机公关时会用以转发官方声明等，日常几乎都是网友自由发表和交流。尽管有部分图片、影像通过这些交流平台传播出去，但是这类视觉图像受个人影响因素很大，整体质量不高，大多不具备视觉文化符号的代表性，且没有经过精心设计与其视觉效果评估。我国手机网民规模目前已达10.32亿，网民使用移动端的占比也逐年提升，截至2022年，占比已经由2018年的98.6%上升到99.7%[1]，移动端新媒体成了视觉信息输出的主流方式。越来越多的博物馆开通了官方微博、微信，利用微博、微信等平台向观众分享博物馆资讯，开展博物馆服务，用平易近人的语言与观众进行互动，拉近了与观众的距离。故宫博物院、苏州博物馆等博物馆，微博后台工作人员与粉丝热情互动，积极回应粉丝留言，受到网民的欢迎。除此之外，部分博物馆利用博物馆间的互动来吸粉，如三星堆博物馆与金沙博物馆的互动，互相亲切地称为"小金"和"堆堆"，三星堆博物馆的馆长也因此被网友们亲切地称为"堆主"。

微博的火热，对博物馆文化传播大有助益。博物馆的端口可以上传静态与动态图片、影片，并且所有带有特色文化资源的图像都会打上水印，视觉识别度较高，互动留言也可增加观众的参与度，让博物馆听取不同观众的声音，吸纳不同群体的意见，是官方主导进行博物馆文化传播主要方式之一。

国外博物馆的网络社交平台应用呈现分散化。国外博物馆在Twitter、Facebook、Instagram、YouTube等各类网站和社交媒体上一般都注册有官方传播号，根据不同社交媒体不同特点，以及受众群体的不同，开展特色化、多样化的服务，积极拓展服务领域。

---

[1] 中国互联网络信息中心（CNNIC）：《第49次中国互联网络发展状况统计报告》，2022-02-25，http://www.cnnic.cn/hlwfzyj/hlwxzbg/hlwtjbg/202202/t20220225_71727.htm。

（三）移动端智能应用

在智能应用上，国外知名博物馆多采取双途径开发，即开发免费版和付费版应用，以照顾不同观众的需求。经济实力不强或对符号解读要求不强的观众可选择免费版，在精选的文物藏品中领略博物馆的风采，而有更深层次需求的观众则选择付费版，通过更丰富的操作界面和更清晰的影像资料来进行更深入的了解。

中国博物馆推出的所有智能应用程序都是免费的，很少进行收费服务。最主要的原因就是中国的博物馆完全由政府出资，公共博物馆是公共文化服务体系的重要一部分，是代表政府为公众提供免费的公益服务，所以开发的软件也主要是免费软件。其实博物馆在提供公益服务的同时，可以适当引入社会力量参与，在满足受众需求的同时，增加自身的收入，从而更好地开展技术开发，提升服务质量，实现社会效益和经济效益的有机统一。

值得一提的是，国内博物馆 App 的数量并不多，但制作都比较精美，如故宫博物院 App，内含展厅地图、重要藏品以及稀有画作的动态展示等，用户可获得较多的文化信息和互动体验。但由于时间较短、开发不足等原因，仍有许多进步空间。除自主开发外，国内博物馆也会使用非自主开发的 App。不同博物馆对这些 App 的应用能力和重视度存在显著差异。如文创产品的营销方面，部分博物馆开设了淘宝店或电商商城，故宫淘宝店就是典型案例。这类 App 的应用，一来销售文创产品，二来传播视觉文化，塑造视觉形象，提高知名度，实现经济和文化的共赢。但是对 App 应用合理得当的博物馆仍旧是少数，例如知乎 App，作为一个备受关注的平台，博物馆官方注册数量很少，相关问题都没有博物馆的官方账号来回答，继而不了了之，图片影像等视觉传播信息更是匮乏。可喜的是，部分博物馆对于短视频 App 的利用非常充分，在抖音、快手短视频等 App 上均设有官方账户，更新了许多视觉效果好、传播力强的短视频。

（四）网络电视平台的运用

电视属于传统媒介，但应用数字技术和互联网平台所衍生的网络数字电视属于新媒体范畴，立体直观的观看方式，使其比平面媒体更受欢迎。尽管网络数字电视的观看方式和电视并无差异，但随时点播、回看的功能可以有效选取需要的节目，视觉文化传播的方式更加主动，观众能更方便地选择自己所需要的那一部分视觉文化信息。直播平台是数字电视平台的进一步发展，实时性使得人们随时随地可以在手机端观看，而不受限于是否有电视在身边。湖南省博物馆 2018 年重新开馆的当天便利用了直播的方式。

国内外有多档以博物馆为主题的电视节目。随着网络电视平台的使用率提高，节目制作在精致程度和吸引力上下足功夫，以求吸引更多流量。2016 年以来，博物馆相关的文博类节目相继爆火，使"博物馆热"成为一时现象，其中 2016 年《我在故宫修文物》讲述了故宫工匠修复文物的故事，2017 年《国家宝藏》通过明星演绎、专家解读的方式，在十期节目中展现了九大博物院（馆）三件镇馆之宝"前世今生"的故事，节目极致的舞台视觉效果和令人愉悦的视觉美感促使观众在豆瓣上打出了 9.1 的高分，2018 年《如果国宝会说话》《上新了故宫》相继播出，每部纪录片都保持了 9 分以上的高分，这说明了观众对于精美制作的博物馆电视节目的认可。

三、新媒体对博物馆文化传播的影响

在数字化时代背景下，新媒体对传统的文化传播方式产生了巨大的冲击，原有的文化传播日益复杂，群众的文化需求更加多样。对于具有收藏、展览、教育和研究等多种功能的博物馆来说，通过新媒体的"表达"，改变角色，丰富传统功能，提升群众体验，似乎是一种新的文化交流方式。新媒体的互动和数字传播模式不断推动博物馆未来发展的新方向，对博物馆产生了决定性的影响。

（一）提升服务体验，增强观众与展品之间的互动

博物馆影响力体现的关键在于能否推出更多的文化推广活动和参与活动，依靠新媒体技术的利用研究，博物馆可以更好地为公众提供身临其境的体验和服务。借助新媒体技术提供的互动功能，参观者可以更直观地与展品互动。特别是 3D 实景技术的应用，可以向参观者展示动态的 3D 效果，有效提升公众参观展览的兴趣。

大数据、云计算和数字技术的发展带来了互联网环境的智能化和包容性。一方面，它为观众提供了一个高效、便捷的信息交流平台；另一方面，也充分尊重并考虑到观众的意见，为他们提供实时的反馈渠道和体验路径。博物馆通过 App 应用、微博、微信等平台及时发布展览信息、教育活动，用户可以自由选择接受的平台和接受信息的频率。对于用户感兴趣的信息，他们还可以进行转发甚至二次创作，进一步提升了用户的体验感。

（二）突破传播限制，从静态传播转变为动态传播

传统的博物馆文化传播更多依靠海报、书籍、传单、报刊等传统媒介，电视、广播往往被认为是辅助的、次要的手段。当然，这些传统传播手段的主要特点是静态、直观，这与传统博物馆的面对面的传播体验有关，观众要体验到博物馆的历史文化就要到博物馆进行直观体验，受此限制，传播主要呈现静态传播的效果。数字技术的发展带来了微博、微信、抖音等新媒体平台，新媒体平台更加关注用户的需求，更加注重用户关注点以及最新的流行趋势，这使得博物馆文化传播从传统静态传播转变为动态传播，用户需求成为核心关注点，博物馆文化传播内容向"创意＋技术"转变。

从最初静态的文字和图像形式变成生动的图像、文本、音频和图像，并通过不同的渲染方式进行搜集、编辑、制作、生成内容，最后在网络、视频等应用平台上播放，让观众在沉浸式环境中体验，如故宫官网分为故宫博物院图书馆、视听馆、故宫旗舰店、全景故宫和 V 故宫等单元，游客

可以根据自己的爱好和喜欢的内容进入不同的主题内容，通过 VR 等虚拟现实获得身临其境的体验，使公众足不出户就可以欣赏到故宫的文物展品，体验到故宫的文化内涵。

（三）传播更加精准，从单一传统转变为多方融合

在网络环境下，人们对信息的获取更为广泛，这就要求博物馆不仅要充分考虑公众对传播内容的趣味性和体验的实际需求，更要对受众群体的使用习惯进行正确把握，将服务准确、精准地提供给公众。一方面，要积极创新媒体传播内容，引发全社会关注博物馆文化的热潮。最近几年《国家宝藏》《我在故宫修文物》等一系列具有文化探索、文化多样性的文物纪录片在全社会全网络播放，引起社会对博物馆文化的关注和重视；另一方面，充分利用微博、微信、头条、抖音等社交媒体，开展了多方位多层次的博物馆文化传播。从现实到虚拟，从线下到线上，从传统媒体到新媒体，庞大的用户群和强大的渠道优势增加了覆盖率，实现了传播资源的不断延伸和多维整合，使得博物馆的文化传播更加精准。

特别是近年来博物馆在新媒体领域的发展，使博物馆机构和公众之间的关系变得更加密切。一是通过微信公众号、微博、微信等新媒体的运用，博物馆突破了服务的时间空间限制，拉进了与公众之间的联系，公众可以随时随地打开手机，打开网络身临其境地体验到精彩绝伦的博物馆文化。二是博物馆借助新媒体的运用，特别是数字建模和 3D 动画的运用，使得博物馆可以建立虚拟的网上博物馆，文物藏品展示更加生动真实，也更加方便快捷，沉浸式体验成为公众热衷项目。

如近年洛阳市博物馆运用多媒体投影、多媒体互动、VR 投影、幻影成像等多媒体技术，建立了"河洛之光"数字馆，公众可以 360 度近距离观赏国宝，甚至还可以用编钟自己创作乐曲，把静止、冰冷的文物变为可以看、可以听、可以感受的内容，有效传播了博物馆文化，创新了博物馆展陈的新方式。

第二节　新媒体背景下博物馆文化传播发展现状

一、新媒体背景下国外博物馆文化传播现状

在当今新媒体迅速发展的时代，把握新媒体发展的机遇，积极运用新媒体进行服务转型是博物馆创新发展的重要途径。20世纪末以来，国外博物馆就开始尝试新媒体应用，特别是被誉为"创新型观众互动"新媒体应用先驱的美国史密森博物学院及其旗下机构，在新媒体兴起之时，就搭上新媒体发展的快车，积极进行技术开发，建立全方位、扩展的社交网络平台，开发多种移动设备应用，打造集知识采集和互动娱乐于一体的新型通信服务平台。因此掌握并了解国外博物馆在新媒体发展应用的实际情况，对于我国博物馆运用新媒体文化传播具有重要的借鉴意义。

（一）以人为本搭建博物馆网站，深层次挖掘文化内涵

国外博物馆在搭建网站方面特别注重公众的多元文化需求，往往以公众需求为导向，因为每个藏品传达的文化信息都是有限的，所以博物馆一般要深入挖掘文物藏品背后的故事和人物，通过技术手段展现出藏品的不同形式，并且按时间和地区划分藏品，按藏品历史发展着重介绍藏品背后的当地文化和文化内涵。此外国外博物馆将藏品与工作人员结合起来，寻找另一种方式将事物与人联系起来。工作人员引导和激励观众参与，将藏品与工作人员指导的内容结合起来，从而实现文物与人的直接联系，生动

形象地传递和展示文化价值。

大英博物馆成立于 1753 年，是世界上规模最大、历史最悠久的博物馆之一，拥有 800 多万件文物藏品。面对着存量如此巨大的藏品，大英博物馆网站将数据库管理作为核心，通过与现代信息技术相结合，搭建起博物馆的数据库系统和网站系统，为全球各地的公众都能提供远程数据信息服务和展示服务。此外参观者不仅可以通过网站参观展品，还能获取展品背后的故事和数据信息，也能在网站找到自己喜欢参观和参与的主题栏目。栏目会根据用户需求提供个性化的定制服务，还会根据用户所在地区推送专属信息资讯。

还有纽约现代艺术博物馆网站设有"与我对话"栏目，观众可选择直接与博物馆工作人员沟通，也可选择与博物馆网站开发的机器人进行对话。在国外博物馆的网站中皆设有不同的论坛、博客链接，重视观众的反应与互动，网页内处处体现着以人为本的思想与理念。[1]

（二）以兴趣为主导建立社交网络，增强文化吸引力

随着数字技术的发展，社交网络在人与人之间的沟通联系中逐渐发挥着重要的作用，同样意识到社交网络重要性的国外博物馆也越来越多地搭建自己博物馆的特色社交网络，通过建立兴趣社区，吸引大量的潜在用户加入自己的博物馆粉丝队伍中来。一项由皮尤研究中心基于对美国 1224个博物馆机构进行在线调查而发布的一份"新媒体与博物馆观众参与"报告[2]表明，社交网络的价值已经得到了艺术机构的普遍认可，并且已经渗透到了博物馆等文化机构运作的方方面面。

通过对国外博物馆分析研究发现，国外博物馆除了建立网站、发布资

---

[1] 董繁：《网上博物馆建设及其内容构建分析》博士学位论文，吉林大学，2009 年。

[2] 李慧君：《美国发布"新媒体与博物馆观众参与"调查报告数字技术提升博物馆社会融入度（上）》，《中国文化报》2013 年 1 月 31 日第 8 版。

讯等基本操作外，在社交网络中还发挥着以下作用。一是建立兴趣社交小组，以用户需求为导向开展服务活动。随着智能手机和 5G 技术的快速发展，社交媒体不仅可以依靠熟悉的人建立自己的兴趣圈，还可以根据自己区域位置和标签找到周围有相似兴趣的人，建立自己的兴趣社区。在社交网络刚兴起的时候，国外一些博物馆已经注意到社交网络的发展趋势，积极开发自己的社交资源，以用户爱好为导向开展和设计博物馆相关主题活动。如英国美术馆曾结合线下画展，在 Twitter、Facebook 等线上举办相似的活动，增强了机构和用户之间的交流，取得了良好的社会效果。二是依托社交网络，对原有博物馆文化传播平台进行改版，甚至重新设计平台，并引入其他博物馆等社会资源，增强博物馆的吸引力，使博物馆走进千家万户。

打造用户借助社交网络，建立用户与机构、机构资源之间的连接枢纽。为了欢迎新媒体时代的到来，在网站修改或建设过程中特殊的网页，各种机构积极引入社会网络元素和扩大影响集团的资源和服务，使博物馆从"高墙深院"走向千家万户。如英国泰特美术馆以及其他一些博物馆在搭建新网站时融入 Twitter、Facebook、Instagram 等社交功能，对这些社交 App 实行兼容，扩展了博物馆的影响力，扩大其粉丝群体。还有一些博物馆通过建立网络联盟的方式开展相互合作，共建共享联盟内部资源。

（三）以服务内容为核心设计智能应用，注重差异化发展

在智能应用方面，博物馆往往根据服务群体的不同设计不同的服务内容，据此开发有免费应用和付费应用。博物馆的文物藏品在免费应用和付费应用里面都可以欣赏到，操作方式也无明显区别，不同的是在付费应用里面可以下载更加全面、更加高清的内容。这样设置可以针对一些想要深层次体验博物馆文物的用户服务更多的内容，提供更好的体验。

如在苹果手机的中文应用商店搜索法国卢浮宫博物馆，就会出现两个官方应用，卢浮宫 HD Free 和卢浮宫 HD。第一个 App 是免费的应用，里面

包含200多位画家和400多幅卢浮宫最好的图片和收藏品，可以找到拉斐尔、达·芬奇等人的画作。第二个App是付费的应用，需花费12元人民币才能下载，里面包含800多位画家和2300多幅卢浮宫最好的图片和收藏品。通过查看分析，两个应用最大的区别就是画作和画家的数量上的区别，其他功能是一致的，都具有以下功能：通过电子邮件发送画作，转到相册，在Facebook发表画作，画作搜索，将图片添加到收藏夹中，自定义过滤器画作，幻灯片模式，放大图片。

（四）与数字技术相结合，提供身临其境的体验服务

博物馆顺应新形势的发展做出的改变与创新归根到底是为了观众，因此新媒体的运用，特别是虚拟技术、AI技术的运用，可以让用户身临其境地体验到博物馆的文化，甚至可以为不同的用户群体制定不同的观赏路线。如美国自然历史博物馆的移动导航系统，不仅可以为观众指引博物馆几十个展厅和其他休闲设施的方位，更能定位观众身边的藏品进行实时介绍。此系统可下载至手机、平板等移动终端上免费使用，还允许观众与亲友随时分享参观体验，这样的导览服务是观众需要的，是博物馆"以人文本"理念最好的体现。

美国密歇根州的安阿伯动手博物馆旨在成为"互动学习体验中的佼佼者"。为了让观众主动体验，博物馆设立了"里昂乡村杂货店"展览，展出物品则为1935年前后的商店库存品，馆方在店内创造"佩伯尔幻象"（Pepper's Ghost），通过投影幻象向观众展现"店长"和"老顾客"关于店内商品的介绍，让观众感觉置身其中，回到了1935年前后，引发不同年龄的观众交流。为了增强互动性，让观众有更多的感触，馆方挑选观众在后台进行表演，与店内参观的人进行实时交流。博物馆的计算机管理系统存储了杂货店内所有的商品信息，让年轻的观众了解历史，指导观众使用商品。这种沉浸式的展览营造互动氛围，体现交互性，极大地发挥观众

自由，增加观众体验效果。

二、新媒体背景下国内博物馆文化传播现状

在虚拟媒介应用方面，国外的博物馆发展较早，经过不断更新、发展，至今已摸索出了一条成熟的网上宣传发展之道。为满足不同层次观众的需求及适应数字时代的发展，国内十多家博物馆，如故宫博物院、上海博物馆、上海科技馆等作为第一批探索者，吸取国外宝贵经验，不同层次地引入了新媒体形式，并开始尝试依托互联网，利用虚拟媒介进行视觉文化传播。此后，国内博物馆争相学习，掀起了线上视觉文化传播的新浪潮。通过对中国国家博物馆、故宫博物院以及 31 家省级综合性博物馆利用微博、微信、抖音三种用户量较大的新媒体的情况进行调查，我们发现我国博物馆与新媒体融合程度日益深入，呈现出许多新的特点。

（一）新媒体发展成为主流，但利用差异较大

我国博物馆利用多媒体情况总体较好，但差异明显。在 33 家博物馆中，拥有微博账号的博物馆有 27 家，其中南京博物院、山东博物馆、黑龙江省博物馆、内蒙古博物院和西藏博物馆没有官方微博账号，南京博物院有南京博物院社会服务部微博账号。微信方面，有 29 家拥有微信公众号，但安徽博物院、甘肃省博物馆、西藏博物馆无公众号，内蒙古博物院为"内蒙古博物院社会教育部"，中国国家博物馆有 2 个微信公众号。抖音方面，33 家博物馆中拥有抖音号的只有 19 家，其中，故宫博物院只有故宫文创馆抖音号。总体而言，利用最为广泛的新媒体是微博、微信，抖音等视频类相对较少。

同时博物馆新媒体平台发布信息量悬殊。从调查来看，博物馆利用微博的时间最长，发文量很大，33 家博物馆微博发文数量前 5 名是：中国国家博物馆 17983 条、故宫博物院 9313 条、首都博物馆 7053 条、陕西历史

博物馆 6272 条、广东省博物馆 4966 条。也有一些博物馆微博发文较少，仅仅几百条。总体来看，粉丝数与发文成正相关，这说明吸引公众关注的内容还是主因，这也是博物馆吸引游客参观的关键所在。

（二）大部分博物馆都重视粉丝群体的培育和培养

各个博物馆都重视粉丝群体的培育，利用各种活动或者打造 IP 来吸引粉丝。如由中国国家博物馆、首都博物馆、湖南省博物馆、湖北省博物馆、山西省博物馆联合发起的"博物馆联萌"活动深受年轻粉丝群体的欢迎，该活动抓住年轻群体的爱好，聚焦于各个博物馆的镇馆文物，让广大网友给这些萌萌的文物设计故事和对白，大大增强了博物馆与用户之间的距离，吸引了一大批年轻粉丝对文物和博物馆的关注和喜爱。此外国家博物馆还广泛开展微展览、微访谈、微论坛等活动，广受用户的好评。

虽然博物馆都注重粉丝群体培育和培养，但是不同博物馆新媒体粉丝数量差异较大，其中国家博物馆和故宫非常突出。从调查结果来看，博物馆利用微博平台时间最长，粉丝量众多，33 家微博粉丝数前 5 名的是：故宫博物院 924 万、中国国家博物馆 479 万、陕西历史博物馆 63 万、广东省博物馆 40 万、首都博物馆 36 万。粉丝较少的博物馆，有河南博物院 1 万、福建博物院 6610、贵州省博物馆 5803、宁夏博物馆 3106、青海省博物馆 1253。中国国家博物馆、故宫博物院粉丝数远超其他省级博物馆，这反映出这两个博物馆的影响力和引领力。而从抖音粉丝数量来看，19 个博物馆粉丝数量超过 1 万的有 11 个，超过 10 万的只有 3 个，分别为：中国国家博物馆 169.9 万、故宫博物院 20.3 万、湖南省博物馆 10.1 万，中国国家博物馆是抖音粉丝数最多的博物馆，其他超过 5 万粉丝的博物馆有河南博物院 9.4 万，陕西历史博物馆 6.2 万，南京博物院 5.8 万。微信由于不能查找粉丝数量，暂不能做有效分析，据了解中国国家博物馆、故宫博物院公众号粉丝数已超过百万。

（三）博物馆注重利用多种新媒体方式

博物馆利用新媒体的方式各不相同，博物馆利用微博、微信、抖音发布信息，推动旅游发展，需要对新媒体用户有精准的分析，发布的信息亦各有侧重。如微信公众号因其用户具有很高的黏合度，信息非常丰富，已经成为博物馆发布文化旅游信息的重要平台，信息分类较多，如"湖南省博物馆"分为"参观服务""展览导览""学习分享"三类，"上海博物馆"分为"预约""博古今""智天下"三大类，各类下面又有细分，一般有约10个类别，信息涉及博物馆的各个方面，是全面了解博物馆现状和文旅服务的重要平台。而博物馆微博吸引粉丝较多，更加的注重博物馆文物、展览、新闻的推送，对提升大众文化知识、助推文旅融合发展具有很大的作用。

（四）疫情下云端直播成为博物馆服务的新形式

在后疫情时代，短视频云端直播成为疫情期间的重要热点，特别是抖音等短视频已经成为各地文化和旅游推广服务的重要媒介。从调查数据来看，博物馆利用抖音总体较少。33家博物馆中拥有抖音账号的只有19家，是三个社交平台中最少的。其中，故宫博物院没有官方抖音账号，只有故宫文创馆抖音账号。从抖音作品来看，超过50个的仅有4家，包括宁夏博物馆87个，湖南省博物馆54个，河南博物院151个，国家博物馆113个。新冠疫情以来，多家大型博物馆融合抖音等新媒体开展讲解直播、云端看展、云端讲课等，把展览、文物中蕴含的知识信息传递给大众。如2020年2月20日抖音App联合中国国家博物馆、敦煌研究院等9家一级博物馆推出"在家云游博物馆"、举办云展览活动等，成为今年博物馆文旅融合的突出亮点。

三、博物馆类微信公众号文化传播案例分析——"微故宫"文化传播

新媒体的快速发展一改传统媒体的传播方式，"互联网+"为各行各业的发展增添新的动力。博物馆顺应时代发展趋势，拓宽传播渠道，打造"互联网+博物馆"的新的文化传播模式，运用新媒体技术手段使文化成果惠及更多民众。博物馆建设微信公众平台成为打造"数字博物馆"的重要一环，对于服务公众，传播文化信息意义重大。

故宫博物院作为我国最具代表性的博物馆，拥有丰富的馆藏文物和深厚的历史文化底蕴，是传承中华传统优秀文化的重要载体。随着新媒体时代的到来，故宫博物院积极创新传播方式，打造"掌上故宫"，改变了过去高高在上的严肃形象，形成"接地气""萌萌哒"的亲民形象，成为博物馆新媒体发展中的典型代表。"微故宫"作为故宫博物院官方微信公众号，起到传播优秀传统文化，为公众提供服务信息的重要作用，其发展经验以及存在的问题对于其他博物馆微信公众号进行文化传播具有一定的启示。

故宫博物院成立于 1925 年，其前身是明清两朝 600 年的帝王宫殿。故宫是世界上现存规模最大、保存最完整的木质古代宫殿建筑群，也是目前中国最大的古代文化艺术博物馆，藏品总量达 180 余万件，数量大且种类丰富，集中国历代艺术品珍萃，是中国传统文化的重要载体，得到国内外众多受众的喜爱。故宫博物院长期致力于把博物馆所蕴含的优秀传统文化传播出去，赋予传统文化新活力，当下故宫博物院在年轻一代中具有很强的影响力和号召力。故宫博物院在新媒体时代积极拓展信息传播渠道，打造出"掌上故宫"新媒体矩阵，将自身服务功能进行细分，针对不同受众需求提供个性化服务。目前故宫已设立 5 个微信公众号，分别为"故宫出版""故宫博物院观众服务""故宫文创馆线上销售""故宫淘宝""微故宫"。

自 2014 年元旦故宫博物院正式推出"微故宫"，已成功运行 8 年多，其预估活跃粉丝数量达到 100 万+。微信公众号分为服务号、订阅号、企业号三大类，服务号发挥着为企业提供强大的业务服务与管理用户的功能，主要侧重于服务类交互信息，每月最多可推送四次群发信息。订阅号主要功能是给用户传达资讯，起到宣传推广的作用，每天都可以群发一次消息。

企业号则是针对企业管理开放的平台,是企业内部管理员工,以及员工间沟通与服务的企业内部使用账号。"微故宫"是由故宫博物数字传媒组主办的服务号,相较于其他订阅号类型的博物馆公众号更具有服务性,相比于订阅号发布的信息,"微故宫"可以将推文内容直接显示在用户的即时聊天窗口中,并且服务号发送的信息会保留在用户的通信录中,让用户不用刻意寻找公众号,查看信息时更加快捷便利,节约时间,实现对博物馆信息的高效化快速传播,有利于微信公众号关注度的提高和受众范围的扩大。服务号"微故宫"微信账号为"weigugong",其官方介绍便是"故宫博物院唯一官方账号",以艺术化的红色"宫"字为头像,具有极高的辨识度。"微"可以代表"micro",以小见大,也可以代表"we",意为大家的故宫,因此"互动性"和"服务性"一直是"微故宫"强调的重点。当微信用户首次关注"微故宫"时会收到系统自动发送的首次关注问候语"您好,欢迎关注微故宫!"并且提供咨询服务快速跳转数字栏,受众回复数字便可获得相应服务,方便为受众提供多样化的快捷服务,搭建起博物馆与观众沟通的有效平台。

（一）"微故宫"发展定位分析

1. 受众定位

"微故宫"作为故宫博物院的官方宣传微信公众号,兼具服务性和综合性,以传播传统文化,实现公共教育为目标,既保持了官方话语的特征,成为官方活动、展览以及产品推广宣传的窗口,又是对传统文化和历史故事深入挖掘讲解的官方教科书。根据"微故宫"传播的主要内容和目标,参考学者对"微故宫"受众的分类,可以将"微故宫"的受众人群分为三类:学者、学生和游客。

学者:研究历史文化的学者和历史、文物爱好者是博物馆文化传播的首要受众,他们文化水平较高,无论博物馆采取何种方式传播文化内容,线上还是线下，收费还是免费，学者都会去关注、阅读，并且会对推文内容仔细核实，有时还会指出具有错误的地方。在"微故宫"推文内容的评论区有时会看到学者对内容错误的反馈指正，"微故宫"编辑核对正确文献后将错误内容撤回然后对推文内容进行更改后再次发送。学者凭其专业的文化素养同"微故宫"内容生产端形成良好互动，二者相互促进，共同发展。

学生：故宫博物院接待的观众40%为30岁以下的年轻群体，年轻受众越来越多。"微故宫"由于内容风格活泼轻松，形式多样，内容设置偏向于年轻化，且近些年故宫文创产品热卖，迎合了当下年轻受众的需求，得到众多年轻学生的喜爱。喜爱故宫的年轻群体不局限于在校学生，也包括对传统文化感兴趣但是传统文化知识不精深的社会群体，此类受众对中国传统文化有着浓厚的兴趣但并没有对传统文化深入全面的了解，愿意通过"微故宫"通俗易懂的讲解方式学习传统文化知识，因此学生群体是"微故宫"最为广泛且固定的受众。

游客：故宫博物院中设置了多处扫码关注"微故宫"的宣传设施，开展了众多线上线下联动的文化活动。"微故宫"中的"玩转故宫"小程序可以为游客提供多样化的游览路线，"故宫展览"则整合了故宫最新的展览资讯，部分游客为了解展览资讯以及查看故宫游览地图，从而关注"微故宫"获取信息服务。这部分受众具有随机性，他们有的人并不是"微故宫"长期固定的关注者，可能会在游览完毕后取关，也有部分受众在博物馆内随机关注公众号后被内容吸引，从潜在受众转化为固定受众，这部分受众流动性和不确定性较大。

2. 功能定位

"微故宫"微信公众号建立之初仅发布本馆的馆情资讯，后来随着自身内容种类和功能增多，便开发出具有自定义菜单的公众号平台，将内容和功能分类呈现，为受众提供更加便捷化的服务。公众号平台的基调通常具有五种类型，即学术型、服务型、媒体型、创意型和娱乐型。"微故宫"呈现出的是综合型的基调，是面向受众的服务型账号，通过提供服务功能、互动功能和信息功能等综合服务，传播具有学术和创意的文化内容，这也一定程度反映在"微故宫"微信公众号的栏目设置上。

"微故宫"下设三个一级菜单功能栏，分别为"看一看""逛一逛""聚一聚"。一级菜单下设九个二级菜单栏，主要发挥服务、宣传和互动的作用，在游戏互动和商品宣传中传播传统文化知识，以服务型功能为主，为用户在游览过程中和游览后提供便利服务。首先，"看一看"主要展现数字故宫小程序，里面设有故宫名画记、数字文物库、V 故宫、数字多宝阁和故宫展览界面，通过数字媒体向受众展示文物，观赏故宫"VR"全景地图，让受众足不出户便可游览故宫，并向受众提供最新的展览资讯，发挥公众号信息服务功能。其次"逛一逛"功能下设五项小程序，分别为"玩转故宫""故宫全景""故宫展览""故宫文创馆""故宫微店"。"玩转故宫"小程序是故宫与腾讯地图合作推出的，运用动画以手绘全景地图的方式直接生动展示故宫全貌，设有虚拟导游"福大人"，通过与"福大人"聊天可以定制自己专属的游览路线，也可以问"福大人"历史小知识，如"垂帘听政""平定三藩"等历史典故，甚至你可以同"福大人"聊聊八卦野史，全面满足观众在故宫参观时的各项需求。"故宫全景"板块通过虚拟技术还原故宫实景，受众拖动界面便可以浏览故宫全景，体验故宫一年四季的不同景色，还设有专门的赏花路线。"故宫展览"小程序则是介绍故宫的最新展览资讯，可以点击跳转"故宫展览"App，让受众随时关注故宫最新展览。"故宫文创馆"小程序主要售卖故宫美妆用品和文创饰品，曾经出品故宫口红，引起社会广泛关注，多次"出圈"。"故宫微店"也提供故宫文创用品购买服务，侧重于售卖高端故宫文创用品，如瓷器、礼盒等，相较于其淘宝店铺售卖的产品价格较高，部分功能同"故宫文创馆"重复，易引起受众视觉疲劳，导致浏览量减少，受众流失。最后"聚一聚"

功能栏下设四项小功能，"奉旨签到"为打卡小程序，用户可以每天登陆该程序打卡签到，获得积分，通过积分兑换故宫文创产品，签到小程序可以吸引用户关注，养成用户每日浏览"微故宫"的习惯，增强用户黏性。"一起嗨"集合了故宫出品的所有小游戏，是对故宫游戏的系统整合宣传。"爱上紫禁城"板块类似于"故宫"朋友圈，以故宫为主体发送紫禁城信息，将故宫拟人化，展示故宫的心情，并配有故宫高清美图，用户可以在每条动态下点赞、评论、转发，随时关注故宫动态，形成故宫和用户的专属互动。"故宫App"将故宫出品的系列App集合在同一页面，方便用户浏览下载，包括"紫禁城祥瑞Pro""清代皇帝服饰"等10款故宫精品App，一方面为用户提供了快捷的下载服务，另一方面宣传了自身的App软件。

"微故宫"除了设立三个功能栏外，其主要组成部分是推文内容，推文部分在所有版块中篇幅最长，所占比重最大，主要发挥文化传播和提供展览资讯的作用，通过多媒体的呈现形式，传播历史文化内容。推文主题主要为展览资讯、推广文创产品、活动宣传和文化传播，是"微故宫"发挥文化传播功能的主要窗口。推文部分呈现的文化主题内容多元，结合新媒体，采用年轻态的话语形式讲述传统文化，吸引众多年轻受众。

3. 内容定位

内容定位是指微信公众号能够为受众提供的内容信息，博物馆丰富的藏品和承担的文化传播功能在很大程度上决定了博物馆类微信公众号的内容选择。博物馆类微信公众号无论设置什么功能，其最终目的是传播传统文化，提供文化信息，服务公众。"微故宫"的文化内容在其推文部分最为系统和集中。"微故宫"编辑人员选取具有代表性的文物，对文物背后的历史故事展开叙述，力求运用新媒体的呈现方式将晦涩难懂的历史知识转变成通俗易懂的小故事，盘活文化资源，让传统历史文化知识"飞入寻常百姓家"。如2020年1月17日的推文《故宫青少｜紫禁城防火的三重守护》用同小朋友讲故事的口吻，讲述传统的防火知识。

其次，通过举办线上、线下活动进行文化知识的传播。加在线上创设文化知识有奖竞猜活动，设置丰富的文创奖品，鼓励网民积极参与竞猜，留言讲述自己家乡的地域文化习俗。同时，在线下开展文化体验活动，如"说说文化遗产日"的由来，以及举行"皇帝的一天"亲子体验活动，依托故宫博物院丰富的历史文化基础，将理论与实践相结合，提升年轻一代的文化素养，增强群众的文化自信。"微故宫"还将文化信息融入为受众提供的游览服务中，方便受众接收信息。在游客游览故宫的时候，"微故宫"提供智能化的导航路线、免费语音讲解文物建筑背后的历史文化知识。在游览故宫后，游客可以在线上学习故宫相关知识、购买文创用品，下载使用故宫 App。"微故宫"在满足游客前、中、后不同时段的服务需求的同时，都注意文化信息的渗透。

（二）"微故宫"新媒体文化传播发展分析

1. 以物质文化、行为文化和精神文化为文化传播的主要内容

纵观"微故宫"的发展阶段，推文中的文化传播内容比例在逐渐上升，超过博物院活动宣传等资讯类内容的比例，增强了文化传播功能。在其发展的各个阶段以及当前的传播实践中，物质文化、行为文化和精神文化在文化主题推文中一直稳居前三种主要主题类型，成为"微故宫"文化传播的主要内容。相对来说，社会文化和观念文化主题的推文数量较少，比例始终较低。物质文化、行为文化和精神文化是受众更易接受的文化类型，更贴近受众生活，讲解文物知识和传统风俗文化的主题内容容易引起受众注意。但推文的内容主题整体分布不够均衡，社会文化和观念文化主题占比过少，不能满足部分受众个性化的需求，且各主题的阅读量存在差异，欣赏景色类文章受到受众喜爱，阅读量在所有主题类型中占比最高，但欣赏景色类文章的内容过于流于表面，以摄影图片为主要内容，对于文化知识的挖掘不够深入，缺少深层次的文化内涵。

2. 注重跨文化传播

当下处于经济全球化的国际格局中，每个国家都尝试用博物馆对外进行文化传播和文化交流。各个博物馆之间不仅通过举办联展、巡展等形式将文化传播到世界各地，还通过新媒体将自己的文化随时随地传播给其他国家，打破了时空的界限。"微故宫"一方面传播中国传统优秀文化，另一方面也向国人介绍外国文化，促进了文化的交流传播。2017 年"微故宫"开始关注国际展览以及中外文化交流活动，向读者呈现出丰富多彩的文化种类。2019 年 9 月 29 日文章《国庆故宫看展｜葡萄牙瓷板画里的中国身影》对故宫举办的"釉彩国度——葡萄牙瓷版画 500 年"展览进行宣传，讲解了葡萄牙瓷版画的文化知识，让读者认识到中西文化交流的历史故事。青花瓷版烧制技术来源于中国，葡萄牙瓷版画里隐藏着中国身影，有些瓷版画作品中直接勾勒出了中国人和中国景，呈现出中西文化交融"亦中亦洋"的趣味画面，这正是东西文化交流互鉴的体现，是东西方文明碰撞的见证。

3. 重视同受众的互动，促进文化二次传播

"微故宫"积极鼓励受众留言，71% 的推文文末都有受众留言。通过留言回复既答疑解惑，传播文化知识，又对故宫展览形成二次宣传。"微故宫"通过发放奖品鼓励受众留言，开展多种形式的互动模式，留言区成为传播地域文化的主要空间，如"在评论区与大家分享你最喜欢的月饼馅儿""在留言中跟大家分享一下你家乡的小年习俗吧"等。用户积极参与，讲述家乡的节日习俗，习俗文化对年轻一代进行仪式感的成长规训，潜移默化中了解更多地域的节日文化。线下活动的举办则扩大了"微故宫"的影响力，同多个品牌合作联动，开展故宫体验活动以及绘画大赛，形式多样，让更多的潜在受众转变为受众，关注"微故宫"。

4. 传播话题时效性强，合理安排推送时间

"微故宫"具有固定的推文发布时间，81% 的文章选择在下午至晚上时间段（15 点到 21 点）进行发布，培养了受众固定的阅读习惯，有利于

信息的有效传播。"微故宫"还根据时间变化，针对不同的节日和节气，把握信息时效性，将节日相关的民俗文化知识传播给受众，结合实际，用贴近受众现实生活的方式讲解文化知识，推动中国传统节庆文化习俗的传播，让年轻一代的受众了解传统节日，唤醒被遗忘的节日民俗。"微故宫"每逢春节、元宵、中秋、端午、七夕等大家熟知的传统节日会推出关于节日的系列推文，从不同角度介绍节日来源和传统习俗，如2019年春节期间推出的《紫禁城的腊八，除了喝粥还要举办"冬奥会"？》《官方攻略带你过年，集真五福！》《故宫知识丨过大年的对联该怎么读？》《皇宫里的"春节黄金周"》四篇系列文章，从春节习俗、服饰、饮食、对联阅读方法等多个方面讲述传统贺岁文化。"微故宫"还向受众普及部分逐渐被受众淡忘的传统节日，如三月三上巳节和六月六洗晒节等节日，为传统节日注入新活力，弘扬中国传统文化。

5. 专业的微信创作团队

"微故宫"的幕后生产团队称为"故宫博物院新媒体团队"，由11位80后、90后组成，多为研究历史文化的专业性人才，同时招聘考古研究、藏品保护研究、博物馆信息化研究及管理等专业的高校人才。该团队中还包括专业的摄影组、视频组、数字传媒组、数字展示组、数字资源组、应用技术组。"微故宫"新媒体团队既具有历史文化专业知识又有新媒体平台运营技能，由此向受众展示出丰富多样的文化传播内容。

"微故宫"文化主题中的欣赏景色类占比为5.2%，虽然其占比较小，但此类文章同受众形成良好的互动关系，留言量较高，深受受众喜爱。每一年"微故宫"新媒体团队发布的图片有千余张，每一次发布的官方高清图片，都会成为受众争相下载的手机屏保，故宫的美图摄影推文成为"微故宫"富有特色的品牌传播内容，通过镜头受众感受到故宫的美和诗意，以及其中包含的文化底蕴。如2018年12月29日发布的推文《回首2018，还是这座城最美！》将故宫十二个月的高清摄影图片整合发送给受众，让受众从手机上就可以观看故宫不同季节的优美景色，感受故宫文化，满足受众对故宫美景屏保的下载需求，同受众产生互动。"微故宫"文章内容的配图并非随意选取的，每一张图片、每一处细节，都经过专业团队的精挑细选，有可能来源于故宫某一藏品器物上的小纹饰，或者某一处陈设里的具体元素，一个简单的仕女表情，都可以在某一幅书画作品中找到对应出处。"微故宫"团队的生产内容都经过严谨的考证和多道审核，保证了"微故宫"在读者中的好口碑。

第三节　未来趋势与提升建议

一、新媒体环境下博物馆文化传播存在的问题

在网站建设方面，目前我国多数博物馆都建设有自己的网站，但是网站质量参差不齐：有的没有将珍贵的藏品资源数字化，网站仅仅是一个简单的页面，内容不太丰富，没有设置过多的内容；有的网站数字技术开发不足，互动内容较少，创新性和特色不够，缺乏吸引力；还有一些网站更新频率较低，没有专人维护，网站更新流于形式，没有发挥出博物馆网站的文化传播作用，在内容创新、信息更新、宣传普及等方面还存在诸多不足。

在微博建设方面，国内省级以上博物馆对微博运营比较重视，多数省级以上博物馆都开设有微博账号，如国家博物馆、四川广汉三星堆博物馆、陕西历史博物馆、浙江省博物馆、湖南省博物馆、湖北省博物馆、广东省博物馆等都开设有微博账号；而地级市以下的博物馆则重视不足，较少开设有微博账号，有一些地级市以下博物馆虽开设有微博账号，但是或者没有进行微博认证，或者更新频率较低，而在已开通的博物馆账号中，粉丝数以及关注度的反差也非常大。比如四川博物院，也属于国家一级博物馆，但其粉丝数和关注度远远比不上同是国家一级博物馆的陕西历史博物馆或山西博物院，更与国家博物馆和故宫博物院相差甚远。

在微信建设方面，多数博物馆设有微信公众号，而且经过认证，但是很多公众号只起到资讯发布和公告通知的作用，没有更进一步建立起虚拟

展厅等可以吸引用户的平台，用户也仅仅充当接受信息公告的受众。也有一些博物馆在微信上深入探索，如故宫博物院不仅建立了自己的微信公众号，还建立了"数字故宫""微故宫""畅游多宝阁"等小程序，其中"数字故宫"全方位展示了故宫的藏品、建筑和展览等，"微故宫"展示故宫资讯，"畅游多宝阁"由故宫博物院、腾讯和新华社合作建立，展示了600件故宫的珍奇，通过一系列多方位的小程序充分展示了故宫文化。

除此之外还有一些博物馆开发有相应的手机应用，在苹果手机应用商店搜索"博物馆"会发现国家博物馆、故宫博物院、首都博物馆、上海博物馆、武汉博物馆、陕西历史博物馆、上海自然博物馆、北京古代建筑博物馆等都开发有相应的应用，不难发现这些博物馆均为一级博物馆，资金实力雄厚，可以投入更多资金开发应用。但是一些地市博物馆受限于资金紧张的局面，难以开发博物馆应用。

具体来说，虽然博物馆各类新媒体发展较快，已成为博物馆与社会公众的重要桥梁，但其发展仍然存在一些问题：

一是不同博物馆新媒体发展差异较大，不同博物馆新媒体粉丝数量、作品数量悬殊，国博和故宫无疑走在媒体融合的前面，反映出大馆的文旅影响力及对新媒体的态度。

二是博物馆内容质量还需要提升。博物馆在文旅内容发布上，总体是高端文雅的，体现博物馆的特色，但也有个别博物馆为了吸粉，利用新媒体恶搞、炒作等时有发生，引发公众不满。

三是新媒体传播对博物馆提出了更高要求。博物馆新媒体运营人才，不仅要懂技术，还要懂时尚、懂文物、懂历史、懂旅游，人才短缺是当前博物馆发展新媒体的一个短板，由此大大增加了资金、技术等方面的投入。

四是博物馆媒体融合步伐还落后于时代。利用新媒体新技术已经成为博物馆传播文化的重要方式，虽然疫情期间一些大博物馆创新开展了云展览、云直播、云端讲课等形式，但总体而言我国博物馆尚未充分利用新媒体的功能，国际文化传播乏力。

二、新媒体环境下博物馆发挥文化传播的基本路径

在信息技术快速发展的当今社会，博物馆新媒体文化传播是博物馆服务转型，提升服务效果的重要路径，也是新时期公共文化服务高质量发展的必然要求。高质量的公共文化服务不仅要求高质量供给，更要满足群众高水平的需求。因此为了给公众提供更好的用户体验，各个博物馆要积极对接新媒体平台，开发新技术，满足不同群体的服务需求，把博物馆的特色和内涵充分展现出来，整合多方社会资源，重视文化创意开发，用互联互通的思维打造博物馆的新媒体时代，从而满足人民群众日益增长的精神文化需求。

（一）实施积极的新媒体传播策略，丰富以人为本的参观体验

在我国大部分地区的博物馆建设和发展中，都注重文物藏品的收藏和保护，文物资源相对都比较丰富，但是受限于博物馆所处位置、博物馆展览面积，特别是新冠疫情的影响，这些因素都推动博物馆转变发展战略，实施积极的新媒体传播策略，通过新型技术的运用，加快数字博物馆、智慧博物馆和网上博物馆的建设，使公众可以摆脱时间和空间的限制，可以自由地在任何场合都能参观到博物馆的展览，欣赏到博物馆的文物藏品资源，而博物馆也可以扩大自己的文化影响力，让更多公众参与到博物馆的文化传播中。

在新媒体技术快速发展的推动下，博物馆应该针对不同年龄段的人群开展不同层次的服务，应该针对青少年群体设置 VR、AR 等体验性的项目，提升青少年群体的参观乐趣，要针对老年人设置绿色通道、无障碍通道等以方便老年人参观，最重要的是要从公众体验角度出发优化展览方案，可以通过三维空间搭建的方式，建设带有视觉冲击的 3D 场景，使得观众在展

品面前有一种"身临其境"之感，增强视觉冲击力和内心冲击力，摆脱冰冷的文字教育以及平面教育的传统方式，满足不同群体的不同需求，以特色化、创新化的展览吸引广大公众积极参与。此外，在内容的设计上，博物馆应该突出自身的发展定位，结合独特的文化特点进行主题设计。利用新媒体传播的内容须有取舍。我国博物馆的展示通常是分为几个场馆或者几个主题展厅进行，不同的展厅视觉内容的侧重点有所不同。与该部分符合的内容便适合在展厅展示，与整个博物馆主题相关但与本部分相关度不大的便要适当舍去，避免冗重。此外，部分视觉内容可能适合以新媒体展示，但可能也有些内容用图片或者文字配合展品表述更容易让人理解，强用新媒体反而适得其反。

（二）强化互联网思维，建立自媒体平台

博物馆利用互联网进行文化传播，注入互联网的新鲜活力，不仅可以摆脱过去宣传方面沉闷和笨重的印象，而且可以带来新的思维和新的发展思路。博物馆借助互联网迅捷传播的特性，将展品以影像方式进行传播，可以获得更多人的关注，利于文化的二次传播。而互联网则可以借用博物馆丰富的文化内涵，将内容饱满、教育意义深刻以及生动形象的文化内容输出给广大群众，增强自身正面影响。如今，互联网上不断出现直播、短视频等可视化平台，凭借着几十秒钟内的文化场景展示在大众中迅速走红，给予了博物馆文化传播新的思路，为博物馆文化展览提供了新的想法。通过短视频将一些珍贵的展品展示。一方面可以满足公众的好奇心理，另一方面也可以避免参展人数众多带来的风险。加强网络文化传播，合理整合网络资源和优势，是博物馆与当今社会发展接轨的关键。

因此在信息技术迅速发展的今天，要全面整合各级各个平台的网络资源，充分利用云计算、大数据等新技术，推进新媒体技术发展，加大博物馆文化和科技融合发展，在博物馆文化传播中融入科技力量，在新媒体平台上展现博物馆文化，形成深层次的文化传播体系，促使博物馆文化传播工作水平不断提升。此外，博物馆还要加强自媒体平台建设和设计，立足线上和线下服务相结合，建设智能博物馆，拓展博物馆的功能。博物馆要尝试创新自身展览方式，增加吸引力，要广泛地招纳新媒体运营方面的专家等作为博物馆的顾问，通过调查研究分析当前博物馆自身具体的情况，针对部分新媒体运营的薄弱环节进行重点改进，再由专家给予相应建议，对博物馆的整体进行规划，着重新媒体运营的效果。

（三）注重使用不同新媒体形式，打造博物馆新媒体特色文化传播体系

在运用新媒体时要善于利用"跨界"思维，与微信、抖音、小红书、快手、微博等不同媒体和不同渠道开展合作，拓展文化传播内容，创新文化传播形式，推动博物馆全面转变文化传播模式。同时在不同场景下要注重使用不同种类的新媒体工具，新媒体常见工具中每个工具具有不同的特点，微信更加注重个人社交圈的交流，朋友圈的转发往往会将资讯迅速在朋友群里扩散开来，同时关注订阅号也能长久获得相应服务。微博更加碎片化，但是传播范围、传播速度要快于其他新媒体，影响力也最大，因此博物馆在使用微博号的时候要注意把握引导微博用户参与互动。抖音、快手等重在即时消息的传播，在年轻用户群体有较大的影响力，在运用这类新媒体时要注意紧跟潮流，创新服务方式。手机应用要注意应用程序的设计与展现，注重在"精美"和"小巧"上下功夫，如故宫博物院设计的《韩熙载夜宴图》App 根据院藏珍品，故宫博物院集两岸三地学者及艺术家之心力，历时两年，以专业的学术资料、丰富的媒体内容及创新的交互美学，精心研发制成，用独特设计再现千年乐舞，以多种形式重现"听曲""赏舞""休憩""清奏"和"人散"，全面调动用户感官，新颖的鉴赏方式令人惊艳。

受限于资金、文物收藏和研究能力的不足，一些地市博物馆难以组织专业开发团队开发网站、设计 App，对于这类博物馆可以聚焦于微信、微博、

抖音和快手的运用，将这些新媒体作为文化传播的主阵地，用较少的成本展现自己博物馆的馆藏展品，实现文化传播和推广。在运用这些新媒体时要结合各自的资源优势，设计一些互动性较强的展览活动，了解当前流行的文化趋势和话题，以观众喜闻乐见的方式将文化表达出来，要围绕自身的文物收藏和展示特色，构建和形成具有自身特色的新媒体文化传播体系，传播丰富多彩的传统文化，并为文化与旅游的融合树立标杆。博物馆文化传播发展的关键是树立正确的文化价值观，充分发挥博物馆养魂育人的导向作用，不断丰富新媒体信息发布内容，产出更多博物馆的优质文化产品，达到"以文化人""以文育人"的效果。

（四）重视人才培养培训，建立健全新媒体人员队伍体系

新媒体是促进文旅融合的重要手段。面对云时代的到来，博物馆应顺应新媒体发展方向，积极引进传播专业人才，建立专门的新媒体维护管理宣传队伍，加大博物馆业务协同力度，让文物从库房中走向新媒体，走向社会大众，更好地满足广大人民群众多元文旅需求。

一是要立足实际，完善创新人才选拔和引入机制。英国的大学就十分重视优秀博物馆人才的输出，在博物馆专业课程中加上了实地考察。要在文博人才培养上组织学生多参观多实习，理论与实践相结合，不断提升文化素养。与此同时，博物馆引入优秀高校毕业生也需要完善引入机制，吸引就业。在内部人才培养上，首先应营造博物馆行业良好成长氛围，整个行业的欣欣向荣和较好发展态势是留住人才的根本。美国将博物馆作为文化治国的重要组成部分，为其创造了较好的就业环境和薪资待遇；日本提出博物馆信息化的计划，重视博物馆发展。中国应当在国家支持的大背景下重视博物馆行业的发展和综合能力的提高，改变博物馆收入低、发展前景欠佳的刻板印象，改变普遍认知，使博物馆相关岗位成为较好的职业选择之一。

二是建立完善的人才培养机制。国际博物馆协会十分看重专业人才培养，协会的多次会议都针对现有人才培养现状提出了改善措施。博物馆应根据自身实际情况建立人才培训体系。针对不同层次的人才设定资格培训和非资格培训，课程须落到实处，避免"面子工程"。对于已拿到资格认证的职工进行资格管理，行业也应当不断完善资格认证制度。优化岗位设置，细化岗位职责，尤其是复合型岗位更须描述清楚，及时更新。视觉文化传播需要复合型人才，既要懂得策划展览，又要懂得运营和视觉设计，只有细化职责，并根据复合型岗位定向培养专业人才，才能更好地促进博物馆视觉文化传播。

第二章

文化创意产业与博物馆文化传播

第一节　文化创意产业与博物馆文化传播的融合

　　"文化创意产业"又称为"文化产业",并且与"内容产业""版权产业"等概念也有着密不可分的关系。在我国,"文化产业"概念在2004年国家统计局发布的《文化及相关产业分类》中出现,标志着从国家层面开始重视文化产业的发展。"文化创意产业"的概念在2006年国务院发布的《国家"十一五"时期文化发展规划纲要》中被定义为:"文化创意产业是通过高科技和人类智力活动,在文化元素的基础上进行创新、创意,形成具有高附加值且具有规模化生产的产业。"

　　博物馆最早起源于文物收藏展览的需要,17世纪大英博物馆的建成开放标志着现代意义上的博物馆的诞生。从17世纪至今,国内外关于博物馆的定位、功能、性质和使命等基本定义和概念几经更迭。当前,博物馆已经演变为满足大众精神文化需求的公共文化服务场所和区域(城市)文化中心。随着20世纪末"新博物馆学"运动的发展,博物馆逐渐从"以物为中心"向"以人为中心"转变,从传统意义上围绕藏品的收藏、保护、研究等职能逐渐向为公众教育和服务转变。博物馆开发文化创意产品,一方面满足了当前居民文化消费水平不断提升的社会需要,另一方面也顺应了博物馆职能定位转变的发展趋势,教育和服务公众的过程中促进馆藏文化资源的传播。

一、文化创意产业的特点与驱动因素

博物馆文化创意产业是博物馆在立足自身馆藏资源优势的基础上，通过创意设计、科技融合等途径实现馆藏文物资源的创造性转化，进而为博物馆带来经济效益和社会效益的产业。随着经济社会的发展，文化创意产业在全球经济中的比重逐渐增加。在发达国家甚至越来越多的发展中国家，文化创意产业成为本国经济和社会发展的重要支柱产业，在推动经济转型升级和社会创新发展中发挥着重要作用。本质上，博物馆文化创意产业属于文化创意产业的范畴，研究博物馆文化创意产业的发展问题须立足于对文化创意产业特点的把握之上。

（一）文化创意产业的特点

文化创意产业的发展开端于"创意经济"的产生。随着经济全球化的快速发展，国际分工合作逐渐深入，生产效率大幅度提升，知识经济在全球竞争中的地位和作用日渐突出。"创意经济"就是在经济全球化和全球竞争逐渐激烈的背景下逐渐发展壮大的经济形态。"创意经济"的本质是以人的创造力为核心，文化元素在其中发挥着重要作用。因此，文化创意产业是创意经济的重要组织部分。作为一种新型的经济形态，相较于传统产业而言，文化创意产业自身具有独特的特点，呈现出不同的特征。

1. 创新性和知识密集性相结合

相较于以自然资源为生产原料的传统产业而言，文化创意产业更多的是通过对文化资源、文化符号的生产、传播、交换、消费和创新等环节所形成的人的智力活动成果。创新是文化创意产业的本质特征，无论是在传统文化资源基础上进行的创意活动，还是基于人的大脑创作的新的文化作品，都需要通过创新吸引消费者的眼球，进而刺激消费者的购买欲望，从而达到社会效益和经济效益的统一。随着人们文化消费水平、审美观念的不断提升，对文化创意产品的创新创意水平提出了更高要求。

知识密集性即文化创意产业主要依靠人的智力活动的产物。无论是有形的文化创意产品，还是当前市场比重逐渐增加的数字化文化创意产品，都是经过创意设计人员创意设计后的成果。尤其是在创意设计阶段，融入了创意人员关于创意产品的形状、颜色、方案等方面的构思。

2. 知识产权性和高附加值性

在美国，文化创意产业被称为版权产业，版权是知识产权的重要组成部分。文化创意产业及主要依靠人的创意创作产生的无形财产，主要通过知识产权的开发和利用来实现产业价值。因此，文化创意产业的健康发展有赖于有效的版权保护。文化创意产业的价值主要在于创新创意后形成的无形财产，如果社会中任由任何人可以任意模仿或者复制这些创意成果，那么创意人员的劳动将得不到有效的尊重和回报，创意产业的再生产将遇到严重的危机。因此，文化创意产业的健康持续发展有赖于对知识产权的有效保护。

高附加值性是指随着文化与其他产业的深度融合，对提升生产效率、利润率起到了巨大的促进作用。例如文化创意产业与传统制造业的融合，增加文化创意内容的产品的销量和价格都明显提升，同样的物质消耗，却生产出更有价值的商品。

3. 强辐射性和融合性相结合

文化创意产业的强辐射性是指文化创意产业可以将某个地区甚至某个国家的文化资源进行跨地域、跨国家的传播。随着经济全球化的发展，文化产品在全球贸易中的比重越来越高。通过文化创意产品传播本地区或本国家的文化、价值观成为全球软实力竞争的重要方面。在文化消费层面看，消费者基于猎奇的心理，跨文化消费的观念和需求也在逐步提升，文化产业的全球化趋势日渐明显。例如美国、日本和韩国，凭借电影、电子游戏、动漫等产业加大对全球其他国家地区的文化产品输出。在文化产品输出的同时，文化产品背后所蕴含的民族文化、民族精神、价值观等内容也在无形之中得到了传播。文化创意产业的融合性是指文化创意产业与制造业、旅游业、餐饮业的深度融合。

文化创意产业通过将创新创意与传统产业相结合，通过具体的文化产业走向市场，赢得消费者的青睐。

4. 高科技含量与人才密集性相结合

随着文化与科技的深度融合，数字文化创意产品在文化创意产业中的比重逐渐提升，传统文化创意产品也更多地借助科技的元素进行设计、生产制造和传播销售，科技在文化创意产业中发挥着越来越重要的作用。一方面，随着人工智能、大数据、AR、VR 等科技的发展，文化创意产业中的影视传媒行业、展览行业、旅游行业中科技的运用逐步提升，科技在推动产业创新发展中起着越来越突出的作用。另一方面，文化和科技的不断融合推动了传统文化产业的转型发展。突出表现在数字文化创意产业，如影视传媒、在线游戏等行业在文化创意的产业中的比重逐渐提升。

文化创意产业的人才密集性是指文化创意产业的本质是靠人的创新创意创造价值的行业，文化产品的设计、制造、营销等环节都需要高素质的人才支持。相较于传统产业高度依赖物质消耗，文化创意创业则更关注创意者本身的作用和价值。

（二）博物馆文化创意产业发展的驱动因素

随着文化创意产业的发展和博物馆管理理念的变革，博物馆文化创意产业呈现蓬勃的发展态势。从产业驱动力层面来看，文化资源和文化元素是文化创意产业发展的基础，博物馆作为区域文化资源的集聚地，作为文化创意的资源宝库和灵感源泉，在文化创意产业中的基础性地位日渐明显。同时，博物馆行业关于博物馆的定位、作用和管理等理念的变更也是推动博物馆文化创意产业发展的重要动力。尤其是随着"新博物馆学"理念的逐渐推广，越来越多的博物馆在日常管理中更加重视"教育"这一核心使命和目标，更加重视主动融入社会行业以达到传播博物馆文化的目的。

2007 年，国际博物馆协会在全球性会议中将博物馆定义为："博物馆是一个为社会及社会发展服务的、面向公众开放的非营利性常设机构，为教育、研究、欣赏的目的征集、保护、研究、传播并展出人类环境的物质及非物质遗产。"博物馆作为某地区或某行业历史文化发展或自然环境变迁的集中展示场所，是区域文化资源的集聚地。以往，人们更多地关注博物馆作为公共文化服务设施向民众提供参观浏览服务的功能，往往忽略了博物馆也是文化创意经济的重要组成部分。近年来，随着博物馆经营管理理念的不断更新，越来越多的博物馆更加注重自身的社会服务职能。随着越多越的民众走进博物馆、喜爱博物馆，博物馆在文化创意产业链中的地位不断提升，馆藏文物资源成为文化创意产品开发的重要"宝库"。

1. 博物馆"非营利性机构"性质的明确

新中国成立后，我国博物馆长期作为公益性的事业单位，其运营资金大部分来自于政府的财政资金拨款，主要承担着文物的征集、收藏、展示等工作。长期的公益性事业单位属性，导致学术界和博物馆实务界对博物馆能否从事产业化的经营活动存在认识不清，政策缺位的局面。部分学者认为博物馆从事市场经营活动会损害自身的公益属性，违背了博物馆的公共属性，博物馆的作用主要体现在社会效益方面，主要靠国家的投入和支持。[1] 博物馆由于自身管理方面的局限，没有开展市场经营活动的优势，盲目进入市场将会影响博物馆其他业务活动的有效开展，国家财政应该加强对博物馆运营的资金支持，推动博物馆的健康发展。[2] 这种对博物馆公益性和非营利性的片面强调，忽视了国际博物馆界对博物馆性质定位的本

---

[1] 钟树棠：《积极探索市场经济条件下博物馆生存发展的新思路》，《中国博物馆》1998 年第 3 期。

[2] 李学军：《北京市文化体制改革调研报告——博物馆事业部分》，《中国博物馆通讯》2003 年第 10 期。

质，是对博物馆"非营利性"的狭隘解读。国际博物馆协会 1974 年在哥本哈根召开的第十一次会议上对博物馆进行了重新定义，定义中包含了博物馆作为"非营利性"的内容。在大多数西方国家，也都有对博物馆"非营利性"机构的定位。但是"非营利性"并非不能盈利，更不是不能从事经营活动，而是作为非营利性机构可以享受更多的政策支持和税收优惠。

20 世纪 70 年代以后，我国部分博物馆在借鉴国外博物馆经验的基础上开始了发展第三产业的探索。故宫博物院、上海博物馆等率先开启了文化产品经营和文化创意产品开发的尝试，部分制作精良的文化创意产品受到了参观者的喜爱和支持，取得了不错的经济效益和社会效益。

随着我国文化体制改革的深入，国家相关部门对博物馆等公益性文化事业单位有了新的定位。2007 年召开的党的十七大明确提出"要积极发展公益性文化事业，大力发展文化产业"，为我国新时期文化体制改革指明了方向。博物馆作为我国文化体制改革的重要内容，其定位和功能随着时代的发展也发生了变化。为了引导博物馆文化创意产业的发展，国家文物局在 2011 年印发的《文物博物馆事业发展"十二五"规划》中明确提出了博物馆发展文化创意产业的任务，这为我国博物馆发展文化创意产业提供了明确的政策引导和支持。国家相关部门政策上的支持促进了我国博物馆文化创意产业的快速发展，但尚须从法律层面进行明确和规范。2015 年，国务院颁布了《博物馆条例》，这是我国首部关于博物馆发展的行政法规。《博物馆条例》第三十四条规定："国家鼓励博物馆挖掘藏品内涵，与文化创意、旅游等产业相结合，开发衍生产品，增强博物馆发展能力"，这为我国博物馆发展文化创意产业提供了明确的法律依据。随着近年来人工智能、大数据、云计算等技术的发展，文化和科技融合发展的深度和广度不断拓展，博物馆文化创意产业也发生了变化。为了积极引导新业态、新技术背景下博物馆文化创意产业的健康发展，2021 年 5 月，中宣部、国家文物局等九部委在印发的《关于推进博物馆改革发展指导意见》中指出："加强博物馆与融媒体、数字文化企业合作，创新数字文化产品和服务，大力发展博物馆云展览、云教育，构建线上线下相融合的博物馆传播体系。"

2. "新博物馆学"理念推动博物馆经营管理方式的转变

随着社会文化、经济的发展，博物馆的经营管理理念和方式也发生了巨大的变化。我国著名的博物馆学者苏东海先生将博物馆的发展按时间跨度分为三个阶段，分别为原始阶段、近代阶段和现代阶段。原始阶段为 17 世纪以前，在博物馆的萌芽时期，其主要职能为文物的收藏。第二阶段为近代阶段，17 世纪—19 世纪中叶，随着近代科学的兴起和社会经济的发展，博物馆馆藏文物的价值逐渐突显，研究成为博物馆的重要职能。19 世纪中叶以后，博物馆发展进入现代阶段。社会经济的发展带动了居民文化消费水平的提升，随着越来越多的民众走进博物馆，教育逐渐发展为博物馆的又一重要职能。[1]

随着博物馆在经济社会发展中的作用逐渐突出，美国著名博物馆学者皮特·费格教授于 20 世纪 90 年代基于对博物馆的深刻研究和洞察，首次提出了"新博物馆学"的概念，对博物馆的功能和定位进行了反思。皮特·费格教授指出，越来越多的博物馆在经营管理中逐渐将传统博物馆的以"物"为中心转向以"人"为中心，更加注重为社区和各阶层民众提供服务。在"新博物馆学"管理理念中，博物馆的文化传播和教育功能得到了进一步的深化。

在文化传播方面，"新博物馆学"倡导博物馆既是区域历史文化资源的搜集展示场所，更是区域乃至民族文化的传播窗口，博物馆更是积极地发挥自身在区域文化传播中的优势，积极主动地利用馆藏文物资源的优势促进优秀传统文化的传播。在文化创意产业发展中，博物馆馆藏资源在文化创意产品开发中的重要性日益重要。同时，通过开发文化创意产品，博物馆文化也通过有形的物质载体得到了广泛的传播，促进了博物馆文化传

[1] 苏东海：《博物馆演变史纲》，载《博物馆的沉思——苏东海论文集》，文物出版社 1998 年，第 60-87 页。

播职能的有效发挥。博物馆文化创意产品通过创新、新潮的设计，将往日"躺在"博物馆中的文物进行深度挖掘，美观、实用的文化创意产品激发了人们尤其是 90 后、00 后对博物馆文化的热爱和兴趣，进而吸引了更多的年轻人热爱博物馆、走进博物馆。

在教育功能方面，传统博物馆管理运营理念中往往只重视馆内文物展示这种单向的文化输出方式，其受众范围仅限于实地参观者，且由于文物知识专业度较高，在没有充分讲解的情况下，大部分观众的参观效果有限。在"新博物馆学"理念下，博物馆有多样化的教育功能实现途径和方式。首先，从教育的受众全体来看，"新博物馆学"强调博物馆教育要面向全体社会成员，而不仅仅是博物馆内的参观者。其次，从博物馆教育实现的途径来看，"新博物馆学"强调博物馆应主动到社区、学校中，拓宽博物馆教育的实现途径。最后，"新博物馆学"倡导对社会公众艺术的理解力和欣赏力，强调把博物馆馆藏文化资源通过通俗易懂的方式传达给公众。

随着"新博物馆学"理念在博物馆管理中的影响力日益提升，博物馆的功能和定位发生了很大的变化。越来越多的博物馆管理者积极推动博物馆转型发展，将为社会发展服务作为博物馆重要的管理目标，博物馆在社会文化生活中的地位和作用不断提升。博物馆文化创意产品的开发与"新博物馆学"的理念不谋而合。一方面，博物馆文化创意产品开发依托于博物馆馆藏文物，通过创意化的设计成为人们的生活日用品，深得公众喜爱。博物馆文化创意产品的大规模销售，直接将产品背后的文化知识带给每一位消费者，从而极大地促进了博物馆文化资源的传播。另一方面，博物馆商店被誉为博物馆的"最后一个展厅"，消费者通过购买文化创意产品实现了把博物馆"带回家"的效果，博物馆教育的途径和范围得到了极大的拓展。

3. 发展文化创意产业是博物馆重要的筹资来源

近年来，国内和国际上大多数博物馆共同面临着运营资金不足的问题。

在我国，随着改革开放的深入，博物馆收费政策已经不能满足人民群众日益增加的博物馆参观需要。为了适应社会发展实际，增加群众的文化获得感，2008 年中宣部、国家文物局等部门出台了关于实施博物馆免费开发的文件。自我国大部分博物馆免费开放后，博物馆的公众参观数量得到了大幅度提升，文化惠民措施使民众的获得感明显提升。但是，免费开放后，博物馆失去了门票收入。虽然国家将博物馆免费开放项目纳入财政补贴的范围，但是随着博物馆运营规模的不断扩大，越来越多的博物馆面临着日常运营资金短缺的压力。资金短缺压力的加大最直观的表现就是博物馆运营管理水平的下降和人员积极性的降低，这又进一步影响到了博物馆职能的有效发挥。

在国际层面，随着博物馆运营成本的逐渐上升，许多博物馆同样面临着日常运营资金短缺的压力。在欧美等西方国家，随着政府财政支出压力的增加，对博物馆的拨款金额也呈现出逐渐下降的趋势，社会赞助和商业经营成为博物馆财政的主要来源。政府对博物馆拨款下降的直接影响就是博物馆营运资金的紧张，美国大都会博物馆从 2008 年到 2015 年一直面临着财政赤字，博物馆不得不采取了裁员、减少展览、延缓在建项目等措施降低博物馆开支。除节流外，博物馆也不断增加博物馆商店和文化创意产品销售收入，为博物馆增加"开源"项目。据统计，美国大多数博物馆的经营性收入已经占到博物馆总收入的三分之一以上。

我国博物馆资金来源主要有三个途径：一是国家、地方政府对博物馆免费开放政策发放的财政补贴。例如国家财政部在 2021 年 4 月 9 日印发的《中央对地方博物馆纪念馆免费开放补助资金管理办法》中规定，博物馆免费开放补助分为运转经费补助、陈列布展补助和国家级重点博物馆补助三种。二是博物馆开展经营性活动的收入，例如上海博物馆 2017 年文化创意产品的销售总收入达到 3862 万元。三是团体、企业和个人对博物馆实施的捐赠，例如在 2021 年 8 月 21 日，中国运动品牌鸿星尔克向河南博物院捐赠 100 万元人民币，主要用于博物馆因河南省"7·20"暴雨涉水受损设施的修缮。和欧美等西方国家博物馆不同，我国博物馆在政府拨款、经营性收入和社会捐赠三部分收入的比重有较大差异。由于我国社会捐赠氛围并不浓厚，当前对大多数博物馆而言，政府的财政拨款仍是其主要的收入来源。随着我国博物馆文化创意产业的快速发展，经营性收入的比重有很大的提升空间。博物馆社会捐赠收入则须进一步地开拓。

二、融入途径及方式

随着文化创意产业的快速发展，文化创意产业的形态和内容不断得到丰富。博物馆在开发文化创意产品过程中，通过将馆藏文化资源与创意、科技等深度融合，文化创意产品的种类和形式逐渐增多。根据形态的不同，可以将博物馆文化创意产品分为纯文化产品或服务、外延型文化产品或服务以及支持型文化产品或服务三种。[1] 从文化创意产品开发主体来看，除博物馆自身进行研发外，授权方式也成为博物馆文化创意产品开发的重要渠道。比如博物馆通过与游戏企业、玩具企业、餐饮企业等进行合作开发形式多样的文化创意产品。此外，博物馆还可以通过参加影视综艺节目，利用数字化技术等开发出形式多样的文化创意产品。当前，博物馆文化创意产品已经融入越来越多消费者的日常生活之中，从书签、学习用品等日常生活用品到影视纪录片、博物馆文物数字化藏品等数字化产品，博物馆文化创意产品凭借丰富的内容、新颖的形式正受到越来越多民众的欢迎。

（一）"博物馆＋影视"综艺节目助推"博物馆热"

以博物馆和博物馆馆藏文物为对象开发影视的作品最早起源于美国。风靡全球的知名影片《博物馆奇妙夜》便是 20 世纪福克斯公司与美国自然

---

[1] 王际欧：《浅析博物馆文化产业的特征、结构与开发策略》，《中国博物馆》2006 年第 3 期，第 84-85 页。

博物馆合作拍摄的作品。随着《博物馆奇妙夜》电影的火爆，大英博物馆和史密森尼博物馆也参与了后两部电影的拍摄。此外，《达·芬奇密码》《卢浮魅影》等以博物馆馆藏文物为主题的电影均取景于法国卢浮宫博物馆，并且随着电影的热映，卢浮宫博物馆的知名度和参观人数也得到了进一步提升。

在我国，随着影视行业的不断发展，以博物馆为主题的纪录片和综艺节目不断增多，部分影视节目甚至成为"现象级"的作品深受观众和市场的认可。我国以博物馆为主题的影视节目大致可以分为两个阶段。

探索阶段：2016 年以前。2016 年以前中央电视台和故宫博物院等均拍摄过以博物馆为主题的纪录片。比如中央电视台 2008 年拍摄的《故宫》纪录片全面展示了故宫的建筑风格和历史文化。2012 年中央电视台和故宫博物院合作拍摄的纪录片《故宫 100》更是以故宫博物院切入，深入宣扬了和故宫相关的历史故事。随后，中央电视台又拍摄了《敦煌》《河西走廊》《海上丝绸之路》《圆明园》《中国官窑》《当紫禁城遇见卢浮宫》等以博物馆或者文物为主题的纪录片。但是由于大部分纪录片的表达方式偏向于陈述性表达，说教化和书面化的纪录片始终未产生较大的影响力。

快速发展阶段：2016 年至今。2016 年初，纪录片《我在故宫修文物》先后登录央视纪录片频道和网络视频播放平台。虽然只有三集内容，却收到了意想不到的效果，豆瓣评分高达 9.5 分，甚至超过了当时的热播剧《琅琊榜》。《我在故宫修文物》从故宫博物院"文物修复"工匠日常的工作和生活入手，展现了文物修复工作者的敬业和工匠精神，同时也展现了博物馆馆藏文物的艺术和文化价值。该纪录片在网络新媒体平台播出后，吸引了大批 80 后、90 后等年轻群体的喜爱，收视率和观众评价都取得了不错的成果。《我在故宫修文物》纪录片热映后，文博类影视节目逐渐受到博物馆和影视界的关注。以博物馆或文物为主题的《国家宝藏》《如果国宝会说话》《上新了·故宫》等文博类综艺节目相继上映，均收到了良好的社会效益和经济效益。

文博类影视节目是博物馆文化创意开发的重要产品，是将博物馆馆藏资源转化为现代元素的创新性表达。高收视率的文博类纪录片和综艺节目，一方面，提升了博物馆的影响力和知名度，带动了博物馆其他文化创意产品的销售；另一方面，文博类综艺节目结合明星效应，以创新性的表达方式和时尚化、趣味化的互动设计吸引了更多人尤其是年轻观众参与其中，让文物自己"说话"，极大促进了博物馆文化的传播。

（二）"博物馆＋互联网技术"丰富文化数字化产品供给

近年来，随着科技创新的不断深入，云计算、大数据、人工智能技术等逐渐渗透到人们的日常生活之中，推动了社会生产力的变革和人们生活方式的转变。在文化创意产业领域，文化与科技融合发展的态势逐渐深入，科技的发展为博物馆展陈方式和文化创意产品生产方式带来了革命性的变革。

在博物馆展览方面，数字化博物馆建设促进了馆藏资源的传播。随着技术的发展，数字化技术一方面打破了博物馆展览的场所局限，扩大了博物馆的受众范围。另一方面，通过沉浸式、互动式的展览方式，增强了文化传播和文化育人的效果。在数字化博物馆建设方面，美国科技公司谷歌于2011年启动了"谷歌文化艺术计划"，该计划面向全球博物馆，通过数字化技术建设线上虚拟博物馆，实现文化资源的全球共享。2017年5月18日，故宫博物院正式与"谷歌文化艺术计划"合作，将其丰富的馆藏资源通过在线的方式向全世界传播。

在我国，为推动互联网科技创新成果在博物馆文化传承中的应用，国家文物局等部门2016年启动了《"互联网＋中华文明"三年行动计划》（下文简称《行动计划》）。《行动计划》通过利用近年来我国互联网领域的科技创新成果，结合博物馆馆藏文物展陈和文化创意产品开发实际，促进博物馆馆藏文物资源的创造性转化和创新性发展。通过实施《行动计划》，推动了互联网科技成果在博物馆管理中的应用，让更多的观众更为便捷地享受到了文化和科技创新的成果。

此外，国内互联网领先公司百度和腾讯也先后加入博物馆数字化的行列。百度公司作为我国最早进行博物馆数字化项目探索的互联网公司，于2012年启动了"百度百科数字博物馆"项目。百度公司在该项目中通过与博物馆合作，共同推动文化数字化和数字博物馆建设。在文物数字化方面，通过技术手段将馆藏文物影像化。在数字博物馆建设方面，在前期文物数字化基础上通过搭建数字博物馆平台，实现观众可以实时参观博物馆的效果。腾讯公司作为我国领先的互联网企业，其推出的博物馆数字化项目"博物官"在我国博物馆智能化建设中得到了广泛的应用。腾讯公司在"博物官"项目中通过馆藏文物数字化、游客智慧导览系统的搭建，帮助传统博物馆智能化建设。目前腾讯"博物官"项目已经与故宫博物院、敦煌博物馆、甘肃省博物馆、巴西国家博物馆等400余家国内外博物馆合作。除与国内博物馆开展合作外，腾讯"博物官"项目也积极与外国知名博物馆开展合作，一方面使国内观众可以通过在线的方式参观欣赏到国外博物馆的珍贵馆藏文物，另一方面可以使国内观众参观到流失在外的我国珍贵文物。

（三）"博物馆＋IP授权"让文化元素走进时尚生活

随着近年来居民收入水平的不断提升，文化消费在居民消费结构中的比重逐渐提升。如何提高产品的文化附加值和品牌形象成为企业市场营销的重点。伴随着我国社会"博物馆热"的不断升温，博物馆文化创意产品受到众多消费者的喜爱和欢迎。除博物馆自身开发外，越来越多的企业寻求通过"IP授权"的方式与博物馆合作提出文化创意产品。在博物馆IP授权中，一方面作为被授权方的企业通过选择与自身产品定位相符的博物馆IP，充分发挥自身在产品设计、营销方面的优势，通过文化赋能，增加产品的附加值和品牌价值。另一方面，博物馆充分开发自身馆藏文化资源丰富的优势，通过梳理馆藏资源，与企业建立更为广泛的跨界合作，将馆藏文化资源转化为文化产品，在增加自身收入的同时，实现了博物馆文化资源的传播和推广。

近年来，通过"IP授权"的方式开发的博物馆文化创意产品的规模不断提升。根据2019年清华大学文化经济研究院和天猫联合发布的《新文创消费趋势报告》显示，在天猫平台售卖的文化创意产品中，通过博物馆IP授权途径开发的占比达到72%。数据充分说明了博物馆馆藏文化资源的市场价值，越来越多的消费者，尤其是年轻消费者愿意为产品的文化溢价买单。博物馆文化创意产品良好的市场前景也让越来越多的企业意识到与博物馆合作的价值，IP授权正成为我国文化创意产品开发的重要途径。

随着博物馆IP授权行业的快速发展，国家相关部门也加强了对行业的引导和支持力度。博物馆在开展IP授权的过程中涉及授权对象选择、授权合同拟定、授权费用的收取等专业程度较高的环节。由于专业力量不足，部分博物馆在开展IP授权过程中也遇到了一些困难和问题。为了更好地引导和规范博物馆IP授权行业的发展，2019年，国家文物局在深度调研的基础上编制了《博物馆馆藏资源著作权、商标权和品牌授权操作指引（试行）》，《指引》明确了博物馆IP授权的对象和程序，并提供了授权合同范本供博物馆参考，极大地促进了博物馆IP授权行业的健康持续发展。

第二节　中外经典案例解析

随着博物馆与文化创意产业的深度融合，博物馆文化创意产业呈现蓬勃发展的态势。国内外众多博物馆在立足于自身馆藏资源和馆藏特色的整理、挖掘基础上，结合文化消费市场的最新动向，逐渐探索形成了各具特色的博物馆文化创意产品开发模式。本节选取英国大英博物馆、美国大都会艺术博物馆、故宫博物院、河南博物院、南越王博物院、观复博物馆等6家博物馆，对其通过开发文化创意产品促进馆藏文化资源传播的经验进行深度剖析。

一、英国大英博物馆

英国大英博物馆是全球范围内成立的第一家现代意义上的国立公共博物馆，又名大不列颠博物馆。作为世界上成立时间最早、规模最宏大的博物馆，大英博物馆拥有 800 万件藏品，自 2001 年起开始对公众免费开放。随着免费开放政策的推行，虽然可以从政府部门获得资金补助，但是对其日常运营也造成了一定的压力。随着门票收入的减少，为缓解博物院日常运营中面临的资金压力，大英博物馆在立足自身馆藏资源优势的基础上进行文化创意产品开发的探索，文化创意产品开发的年均营业收入已突破 2 亿美元。随着大英博物馆文化创意产品消费规模的不断扩大，文化创意产品销售收入逐渐成为博物馆的主要收入来源。在文化创意产品开发过程中，大英博物馆非常注重对馆藏文物资源背后的文化元素深度挖掘，通过馆藏场所的配置和知识产权授权等方式促进馆藏文化资源的传播。

聚焦馆藏精品，深入挖掘文化资源。大英博物馆馆藏文物量高达 800 多万件，覆盖了人类 200 万年历史和七大洲的文明积淀。面对海量的藏品资源，大英博物馆在进行文化创意产品研发前期，注重选取馆藏中知名度较高、观众参观热度高的藏品进行深度的、系统性的开发。文化创意产品系列化的开发让不同的消费者和游客有了充分的选择空间，促进了销售规模的提升。由于馆内藏品来自世界各地，大英博物馆文创产品的类别和样式也非常繁多，琳琅满目。而最核心的文创品一定是源自最经典、最有知名度的一批馆藏，比如，"镇馆之宝"之一的罗塞塔石碑。根据博物馆的文字说明，这块花岗岩石碑自 1802 年入藏大英博物馆，碑文以埃及草书、埃及象形文字和希腊文三种不同文字记录了同一段内容，"为现代人解读已失传 1400 多年的埃及古文字带来了曙光"。因其知名度和重要性，罗塞塔石碑是大英博物馆最具人气的展品之一，石碑前总是挤满访客。这块残缺的石碑也自然而然成为文创开发团队的"宠儿"，以它为原型创造衍生的纪念品目前已经多达 70 多种，并且还在不断推陈出新。这些衍生文创品都尽力兼顾艺术性与实用性，力求涵盖生活的方方面面，可以说是紧紧抓住"镇馆之宝"的精髓，深挖其文化价值，实现全面开发创新。

合理设置馆内布局，满足观众消费需要。由于大英博物馆馆内面积较大，每日众多的游客在参观时往往会选择不同的路线。博物馆文化创意产品销售商店被誉为博物馆的"最后一个展厅"，大英博物馆为了保证游客在参观不同展厅后都能购买到相关的文化创意产品，其根据博物馆的展厅布局配置了众多的文化创意产品销售商店。这些销售商店有大有小，价位不等，游客在参观之余，通过购买心仪的文化创意产品，实现了把博物馆文化"带回家"的效果。

通过知识产权授权，促进文化跨地域传播。大英博物馆作为世界级的博物馆，凭借其丰富的馆藏资源，在全世界范围内拥有众多的游客群体。大英博物馆在进行文化创意产品开发过程中，通过知识产权授权的方式促进文化创意产品跨地域销售和馆藏文化跨地域传播。2018 年 12 月 12 日大英博物馆与上海品源文华市场营销策划有限公司进行合作，约定由上海品源文华公司作为大英博物馆在中国地区的独家 IP 授权与运营商。作为双方合作的重要内容，天猫第一家海外博物馆文化创意产品天猫旗舰店上线。店铺上线一个月的时间内，店内 60 多种文化创意产品均销售一空。截至 2022 年 3 月 13 日，大英博物馆天猫旗舰店拥有粉丝 235 万，文化创意产品种类 679 种，最受顾客欢迎的"大英博物馆安德森猫多功能桌面日历摆件便签夹"月均销量超过 1000 件。除文化创意产品开发外，上海品源文华公司代理大英博物馆在中国大陆地区的授权工作，博物馆先后与肯德基、上海 LCM 等公司合作推出了多场文化营销活动。

二、美国大都会艺术博物馆

大都会艺术博物馆（以下简称大都会博物馆，英文缩写为 Met）是美国最大的艺术博物馆，占地面积 13 万平方米，收藏超过 300 万件藏品，是世界五大博物馆之一（其他四大博物馆分别为北京故宫博物院、伦敦大英博物馆、巴黎卢浮宫、圣彼得堡艾尔米塔什博物馆）。大都会博物馆为了履行 1870 年最初的宪章中关于"鼓励和发展对美术的研究"的使命，成立之初便开始以创收为目的进行收藏品的复制销售。经过多年的发展，大都会博物馆形成了完善的文化创意产品开发、销售体系，博物馆文化创意产品年销售额高达 4—5 亿美金，占其全部收入的 80%，总计开发的衍生品数量多达 2 万余种。

建立博物馆商店体系，促进文创产品销售。在文化创意产品销售方面，大都会博物馆建立了系统完善的销售网络，除大都会博物馆内的文化创意产品销售商店外，大都会博物馆还在世界 4 个国家建立了 14 家文化创意产品商店，分别是：墨西哥5家、美国4家、澳大利亚3家、泰国2家。在域外的文化创意产品商店内，大都会博物馆注重将文化创意产品与目标国的历史文化相结合，富有地域特色的文化创意商品深受当地人喜爱。大都会博物馆商店围绕来自世界各地的艺术藏品、各种常设展和特展主题，邀请艺术历史学家、设计师和手工艺大师等精心策划和制作了大量的文化创意产品，通过博物馆线下和线上商店进行销售。根据对大都会博物馆网上商店的统计调查显示，目前网上在售的文化创意产品分为珠宝、服装及配饰、家居装饰、文具、书籍等五大类别、1200余种，产品价格从几美元到几千美元不等。这14家商店不仅是对大都会博物馆的宣传，更重要的是向世界展示了人类文明史上的灿烂成就，引导人们去了解、认识、学习艺术品，为艺术的传播和普及做出了巨大的贡献。好的商品能够影响世界，这才是主题商品的最高境界。

加强博物馆跨区域互动，探索文创合作新模式。在促进博物馆文化创意产品开发和馆藏文化资源跨区域传播方面，大都会博物馆重视与域外博物馆的合作。2020年，大都会博物馆和上海博物馆在以往友好往来的基础上，以"礼遇东西"为主题，将"珍品连线"作为线索，甄选两家博物馆中的镇馆之宝，以东西文化交融和碰撞的方式，进行创意融合，开发出"守护""缘满""大师""传承"四大主题系列，东西文化交融的文化创意产品让广大消费者感受到了文化珍品的魅力。此次大都会博物馆与上海博物馆文化创意产品开发的合作，以"礼"为题眼，通过对双方博物馆馆藏资源的创新演绎，深受中国消费者喜爱。

注重线上文化传播，扩大博物馆影响力。随着移动互联网的发展，微博、微信、抖音短视频等在人们日常文化消费中的比重逐渐增加，线上文化消费市场规模不断扩大。虽然短视频等新媒体中的大多数作品与博物馆严肃、谨慎的形象不相匹配，但是随着新媒体的逐渐普及以及博物馆营销观念的不断更新，短视频、直播等新媒体渠道也成为博物馆文化传播的重要途径。

2019 年大都会艺术博物馆在一年一度的 Met Gala 慈善晚宴期间开始与抖音合作，在抖音与 TikTok 开设官方账号，精彩的晚宴内容加上抖音强大的精准推动，使得上线的短视频获得了巨大的浏览量，极大地扩大了大都会艺术博物馆的影响力。此外，大都会艺术博物馆积极布局中国电商市场，于 2019 年正式在天猫平台开设了文化创意产品销售旗舰店铺，截至 2022 年 3 月 13 日，大都会艺术博物馆天猫旗舰店拥有粉丝 14.9 万，销售商品 298 种。

三、故宫博物院

故宫博物院是在明、清两朝皇宫基础上建设的国家级综合性博物馆，是当前世界上现存最大、保存最完整的古代砖木结构宫殿建筑群。故宫博物院拥有丰富的馆藏文物资源，共 25 大类、180 多万件（套）。故宫博物院作为我国博物馆文化创意产品开发的引领者，其文化创意产品规模达到 1 万多件，早在 2017 年文化创意产品的销售收入就超过 15 亿元人民币。

立足馆藏资源，深入挖掘文创元素。故宫博物院收藏的文物博大精深，是当前世界上收藏中国文物价值最高的博物馆，故宫博物院收藏的绘画、瓷器、玉石器等，都是文创素材的重要来源。例如近年来深受消费者喜爱的文化创意产品"故宫口红"，口红膏体颜色均来源于故宫博物院馆藏的 6 件珍贵文物，口红管体的图案设计来源于清宫后妃服饰图案。此外，故宫的建筑也是博物馆文化创意产品开发的重要元素。紫禁城最突出的特点就是对称的轴线、宏伟的建筑和庄重的色彩。《打开故宫》通过立体绘本的形式，把紫禁城完整地呈现出来。同时，建筑本身的严谨形制、绚丽色彩都可以成为文创的重要元素。故宫里无处不在的祥瑞文化，如太和殿前象征着长寿的龟、鹤，象征着吉祥的麒麟等，通过设计把它们变成主打的书签、冰棍，这都是建筑给予的启发。甚至不同时节的故宫美景，也被发掘和应用。

利用数字技术，促进馆藏文化资源传播。随着数字化技术的发展，故宫博物院一方面通过 App、纪录片、综艺节目以及新媒体等渠道促进馆藏文化资源的传播，另一方面利用电商渠道、数字化技术提升文化创意产品的销量。2015 年，在故宫博物院建院九十周年之际，配合五个专题展览设计了《胤禛美人图》《紫禁城祥瑞》《皇帝的一天》《每日故宫》《韩熙载夜宴图》《故宫陶瓷馆》《清代皇帝服饰》《故宫展览》等 8 款 App 产品，使观众可以通过线下和线上相结合的方式参观展览，深受观众的喜爱。截至 2022 年 3 月 13 日，故宫博物院所属的"故宫淘宝"店铺共有粉丝 820 万，销售文化创意产品 547 种，"故宫博物院文创旗舰店"天猫店铺拥有粉丝 474 万，销售文化创意产品 472 种。

加强数字营销合作，助力文创产品销售。随着互联网文化消费市场的崛起以及文化和科技融合的不断深入，数字化营销在博物馆文化创意产品开发中发挥着越来越重要的作用。在数字化营销方面，博物馆和我国阿里巴巴集团、腾讯集团达成合作关系，共同促进故宫博物院文化产品的营销。在与阿里巴巴集团的合作中，阿里巴巴集团为故宫博物院文化创意产品在电商平台的销售提供精准的数据支持和营销服务。在与腾讯集团的合作中，腾讯充分将自身在即时通讯领域中的优势与故宫博物院丰富的馆藏资源相结合，开发出了多款文物表情包和主题游戏产品，促进了博物馆馆藏文化资源的传播。此外，故宫博物院还与我国多家媒体集团达成合作关系，充分利用人工智能、数据技术促进文化资源的传播。

四、河南博物院

河南博物院是我国历史久远，馆藏文物资源数量较为丰富的博物馆之一，现有史前文物、青铜器、玉器等馆藏文物资源 17 万余件（套）。从时间维度上看，相比 2008 年就成立文化创意中心的故宫博物院，2016 年才开始文化创意产品开发探索的河南省博物院在国内博物馆文化创意行业中并不占先机。随着 2020 年河南卫视春晚舞蹈节目《唐宫夜宴》和"河南博物院元宵奇妙夜"的火爆出圈，为河南博物院文化创意产品带来了巨大的粉丝群体。河南博物院也相继推出了"失传的宝物"考古盲盒和"散落的宝物"修复盲盒，引起了广大消费者强烈的兴趣和购买欲望。

加大投入力度，打通文创产品全产业链。河南博物院在文化创意产品开发方面虽然较故宫博物院、上海博物馆等起步晚，但是随着相关投入力度的增加，河南博物院文化创意产品开发呈现蓬勃发展的态势。在机构设置方面，河南博物院成立了文创办专门负责博物馆文化创意产品的开发工作，并配置专门的管理人员。此外，河南博物院还重视与其他博物馆之间的合作交流，充分发挥河南省内龙头博物馆的作用和优势，牵头成立了河南省博物馆学会文创专业委员会。当前，河南博物院已经开发了近 600 款文化创意产品，与 40 余家文化创意企业建立了长期的合作关系。

精准定位自身角色，打造"盲盒"爆款产品。河南博物院院长马萧林曾多次表示，博物馆应保护并深入挖掘馆藏文化的内涵，通过多种途径让馆藏文物的价值得到广泛的传播。2020 年习近平总书记在《求实》杂志发表专门文章，提出了要努力建设具有中国特色、中国风格和中国气派的考古学。在人们的日常观念中，考古总是作为一种神秘的工作出现在人们的脑海中，河南博物院巧妙地抓住了国家大力推动考古学发展和民众对考古工作充满好奇的心理，开发出了深受市场欢迎的文化创意产品"考古盲盒"。"考古盲盒"充分借鉴考古挖掘的场景，将馆藏文物的仿制品随机放在泥土之中，并搭配考古中常用的工具洛阳铲和刷子等工具，让消费者在家即可体验考古挖掘的场景和探寻宝物的乐趣。消费者在动手过程中通过阅读相关说明，充分了解了考古学的相关知识，在文物仿制品挖掘出来之后，又会主动查找文物背后的文化内涵，极大地提升了消费者的体验感。

借助事件营销，扩大文创产品影响力。河南博物院在文化创意产品开发过程中注重时间营销的作用，多渠道扩大博物馆的文化影响力和文化创意产品的市场规模。2020 年在郑州承办中国金鸡百花电影节期间，河南博物院充分利用电影节宣传海报选取其馆藏文物"杜岭方鼎"中的文化元素的契机，推出了文化创意产品"饕餮乳钉纹四方杯"，凭借着电影节的影响力，深受消费者的欢迎。2021 年河南卫视春节联欢晚会凭借《唐宫夜宴》等舞蹈一夜走红，舞蹈中 14 名仕女在博物馆中畅游，河南博物院馆藏《簪花仕女图》《捣练图》和青铜器"莲鹤方壶"、商代的"妇好鸮尊"、新石器时代的"贾湖骨笛"等一系列国宝级文物均出现在观众眼前。河南博物院在节目播出后随机推出了"仕女乐队"手办盲盒，凭借着河南春晚节目的影响力，盲盒深受市场欢迎。

五、南越王博物院

南越王博物院位于我国广东省广州市，现在的南越王博物院是由原西汉南越王博物馆和原南越王宫博物馆于 2021 年合并组建而成。原西汉南越王博物馆是我国岭南地区发现的重要考古遗迹，先后出土文物 1000 多件（套）。博物馆集中反映了岭南地区 2000 多年前的政治、经济和文化情况。近年来，南越王博物院在立足自身馆藏资源的基础上，大力推动文化创意产品的开发工作。

立足核心藏品，打造特色品牌。"错金铭文铜虎节"是西汉南越王墓出土的珍贵文物，虎节造型为蹲坐在地上的猛虎，虎节上有错金铭文"王命命车驲"五字。因虎节文物具有较高的知名度，南越王博物馆以此件文物为基础，深入挖掘其背后的文化元素和文化寓意，经过创意开发后设计出了"虎小将"的动漫人物形象，蕴含着朝气蓬勃、阳光上进的寓意。"虎小将"勇中带萌，深受观众尤其是儿童群体的欢迎。目前，西汉南越王博物馆以"虎小将"IP 为核心，开发出了一系列文化创意产品。在众多文创产品中，兼具观赏性和实用性的"虎小将"系列文创产品特色鲜明，成了西汉南越王博物馆的明星文创产品。

联合社会力量，打造文创产品研发基地。西汉南越王博物馆积极探索利用社会资源的合作开发模式，积极与文化创意设计企业、设计院校、职业学校和文化创意企业以及非国有博物馆等多方面进行合作，探索与社会力量深度合作的机制，推动"岭南特色文创设计基地"的建设。在馆校合作方面，为弥补博物馆设计资源短缺，设计、开发出具有浓郁南越文化特色，同时符合公众需求的文创产品，南越王博物馆积极与广州美术学院工业设计专业、广东轻工职业技术学院等具有设计资质的院校进行合作，致力于共同打造"岭南特色文创设计基地"。在馆企合作方面，西汉南越王博物馆与广东中传普公文化有限公司、武汉市博丰文化创意有限公司、岭南美术出版社等企业共同合作开发了大量精美文化创意产品，形成南越品牌文化，不断积累博物馆及其服务的品牌价值和公众认可度。

多领域跨界合作，拉近与年轻人的距离。为了增进年轻人对岭南历史文化的认知和认同，2021年9月西汉南越王博物馆举办了"西汉南越王博物馆×拾遗铁闻录×COMICUP"专题展，与二次元跨界联动。在本次展览中，西汉南越王博物馆根据馆藏珍品"透雕龙凤纹重环玉佩"设计了Q版形象和文创产品，文物变身可爱的小龙小凤现身漫展现场，吸引了"Z世代"群体的注意。在与游戏行业的跨界合作方面，西汉南越王博物馆与二次元手机游戏《拾遗铁闻录》的制作方签订推广合作协议，作为甲方非独家授权游戏制作方使用包括玉角杯、错金铭文铜虎节、铜承盘高足玉杯等在内的五件文物的图片及相关资料，进行以文物为原型的二次形象创作和游戏宣传推广。

六、观复博物馆

观复博物馆是我国第一家民办博物馆（也称非国有博物馆），是由我国著名的收藏家马未都先生于1997年创办，现有北京馆和上海馆。博物馆与故宫博物院、美国大都会博物馆等海内外博物馆建立了长效的沟通合作机制。随着规模的不断扩大，观复博物馆经过了多次扩建，现有家具馆、陶瓷馆等 6 个专题展馆。观复博物馆凭借独特的魅力入选中国十大民间博物馆，吸引了国内外许多知名人士的关注。近年来，观复博物馆加大对文化创意产品开发的投入力度，大力打造"观复猫"IP，2016 年观复博物馆凭借着在文化创意产品开发中的成绩获得"全国博物馆文化创意产品开发示范单位"的称号。

立足馆藏资源，打造兼具艺术和生活品质的文创产品。马未都先生在创办观复博物馆之初便将文化创意产品开发纳入博物馆发展的规划之中，并且将"古老文化符号生活化"作为博物馆文化创意产品开发的核心理念。观复博物馆因其民办博物馆的属性，其运营资金全部来自自筹，开发文化创意产品是其拓展收入来源的重要途径。在文化创意产品开发中，观复博物馆注重立足文化消费市场的最新变化，将馆藏文物的文化符号进行提炼后，经过专业设计人员的创意开发融入日常生活之中。凭借着具有创意性和实用性相结合的理念和功能，观复博物馆的文化创意产品深受广大消费者喜爱。

打造博物馆文创 IP"观复猫"，加强与观众沟通互动。如何持续保持博物馆与观众的沟通互动成为当前博物馆在提高观众黏性中面临的重要问题。观复博物馆利用自媒体的优势，推广服务，扩大宣传。推出了"观复博物馆"及"观复猫"两个微信公众号。"观复猫"是观复博物馆重点打造的新品牌、新形象，不但出版了图书，还与漫画、影视界进行了交流与合作，发行了漫画书，参与了影视制作。观复博物馆创造性地通过猫的视角来传播博物馆的馆藏文物，观复猫甚至被制作了专题的动漫视频和书籍。由中信出版集团出版发行的新书《观复猫——博物馆的猫馆长》已经面世。在文化创意产品设计中，观复博物馆设计了以猫的形象展现清代八旗的"八旗猫"马克杯，杯子上除了猫馆长还有两个重要的文化要素：八旗和兵器，每个图像后面都传达了相关的文物知识。猫馆长讲文物故事系列在观复博物馆的微信公众号中已经在陆续发布，受到了众多民众的喜爱。

第三节　未来趋势与提升建议

在我国，博物馆作为公共文化设置，是保障人们基本文化消费需要的重要场所，收益来源主要是政府的财政拨款，自身市场化经营的意识和能力较弱。自20世纪80年代开始，以故宫博物院、上海博物馆为代表的大型博物馆开始了商业化经营的探索。但是囿于博物馆公益性的性质和定位，博物馆文化创意产品开发等商业性活动始终在小范围内开展。随着我国改革开放政策的深入推进和居民文化消费水平的不断提升，我国文化创意产品的市场规模不断扩大，在国民经济总量中的比重也不断提升。随着近年来"博物馆热"的出现，博物馆文化创意产业发展迅速。2015年国务院颁布的我国首部引导和规范博物馆发展的行政法规《博物馆条例》，明确提出了支持博物馆开发文化创意产品的规定。随后，国家文化和旅游部（原国家文化部）、国家文物局等机构相继出台了支持博物馆发展文化创意产业的政策文件。以故宫博物院、苏州博物馆、上海博物馆为代表的博物馆通过开发文化创意产品取得了可观的经济效益和社会效益。

一、未来博物馆文化创意产业发展趋势

当今社会科学技术日益更迭，消费者的文化需求逐渐多样化，国家文化体制改革也在深化推进，这些都将对博物馆文化创意产业的业态、类型和格局产生重要影响。整体来看，随着经济社会环境的变化发展，博物馆

文化创意产业逐渐演化出众多新型业态，在内容与形式、市场消费群体、产业组织形式以及主要发展模式方面呈现出以下发展趋势。

（一）"文化＋科技"深度融合，丰富博物馆文化创意产业的内容与形式

"文化＋科技"是创意经济与文化创意产业最典型的发展模式之一，对文化产业生产、消费，文化市场繁荣极其重要。近年来，以 BAT 为核心的头部互联网企业，演化了众多新的平台经济业态，为中国文化产业发展带来巨大的新机遇。新经济新时代，文化的科技化与科技的文化并行发展，文化与科技不再是主辅关系之争，而是主动互融之合。技术的创新不可取代文化创意本身，即技术形式必须为文化内容服务。这对未来我国文化与科技融合的实践及中华优秀传统文化的弘扬继承提出了新的要求。习近平总书记对如何弘扬中华优秀传统文化提出了"文化双创"理念，指出传统文化的继承与发展要做到创造性转化和创新性发展，强调了传统文化守本创新的开发原则。博物馆是传统文化资源的高地，承载着更深重的文化复兴责任。

2020 年 5 月 21 日至 28 日，全国"两会"在北京召开。会议中，"新基建"再次进入大家视野，它是比大数据、云计算、互联网、人工智能等更为深入系统的信息技术概念，能够创造巨大的社会财富，改变着博物馆的功能与形式，推动了文物展示与利用方式的融合创新，"互联网＋"重构文博文创产业生态。5G、云计算等新基建的高速发展，促使疫情期间众多的文化艺术活动转向了"云端"。博物馆"云模式"受到广泛关注，博物馆"云展览"的便捷安全性能在疫情期间备受瞩目，成为广受追捧的文化产品。"云展览"是依托数字网络技术和融媒体的发展，把文物和展览从定时定点的线下搬至时空不受限的互联网云端。这种方式为观众提供更丰富的参观视角，将文物进行了多维高效展示，满足公众高阶文化需求，促进博物馆馆

藏资源活化。这一切正是科技进步为传统文化复兴带来的新内容与新形式，未来"新基建"与博物馆经济将碰撞出更多的火花。

（二）博物馆文化消费市场不断扩大，新生代逐渐成为消费者主体

党的十八大以来，中央有关部门及地方政府出台了一系列支持博物馆发展的政策，推动博物馆的宏观发展。这一系列政策强力地支撑了博物馆的文化惠民服务。其中，博物馆免费开放政策，几乎是我国自改革开放以来最大的公共文化服务惠民政策，促使博物馆从"知识权威"向"公共知识本体"演进，博物馆的参观需求得以全面显露，博物馆文化消费极大增长。文化和旅游部统计显现，2008 年至今，我国的博物馆活动和参观人数剧增，博物馆总数呈快速增长态势。博物馆数量快速增长的背后，是社会教育水平和公共文化服务供给能力的提升，是文化传播方式的升级，观众对于高品质精神文化产品的需求一直都在。

如今，博物馆的文化需求全面升级，逐步朝虚拟化、年轻化、时尚化发展。博物馆相关的综合场景营造及时尚生活方式倡导成为新的热门需求，通过"打卡"博物馆，构建"博物馆社交圈"，成为新生代文化消费时尚。当前各大博物馆参观者中年轻人占比最大，例如，陕西历史博物馆调查显示，19 岁至 30 岁的参观者占据总人数的 44.62%；首都博物馆的观众调查也发现，18 岁以下与家人共同参观的参观者高达 43.9%。近半年轻人把参观当地博物馆作为出游的必备选项。随着文化消费意识更强的新生代力量成长，中国将出现更加丰富、更有活力的博物馆文化新业态。

（三）文旅深度融合形势下博物馆文化创意产业组织形式发生巨变

新时期"宜融则融，能融尽融，以文促旅，以旅彰文"是文化和旅游工作的基本思路。博物馆作为区域文化中心，更是公共文化服务的重要场所，拥有丰富且特色的文旅资源。近年来，因文旅产业大规模进入公共文化服

务领域，博物馆正跨界融入当前飞速发展的旅游业。文化旅游与公共文化服务的结合，提升旅游品质的同时还创新了博物馆的发展模式。跨界融合是近年来我国经济发展的重要趋势，在文化创意产业领域表现尤为明显，文化与其他产业的融合能够显著地促进产业升级和提高产品附加值。博物馆从一个纯公益性社会文化机构向文化经济载体的逐步演进，正是一个不断跨门类、跨要素、跨行业、跨地域、跨文化融合的进程。文旅融合直接促使博物馆旅游行业从"博物馆+旅游"变成真正的"博物馆旅游"，文博产业各门类、各要素之间自由流动、重新组合，创造新的体验，构建新的沉浸时空，打破不同地域、不同习俗、不同民族的限制，营造全新文博旅游产品。这是在全新产业组织形式下诞生的文博新产品，无论是从公众关系、时空构建、产品形态上都具有颠覆性意义。虚拟、线上、沉浸、体验、娱乐、综艺等这些过去罕见的形式和博物馆探索性内容,在文旅融合助力下，逐渐成为发展主流，博物馆的产业组织形式正在发生巨变。

（四）博物馆"IP 授权"模式不断成熟，未来发展空间巨大

随着数字技术的发展，数字化内容授权逐渐成为博物馆采用的授权方式。博物馆的 IP 内容数字化更易于实现产品转化，这也是博物馆资源与社会资本良性对接的前提。但博物馆的授权产业有其特殊属性，因博物馆 IP资源具有公共或准公共属性、资源不可再生、社会历史与文化艺术价值深厚等特点，是人民群众集体智慧的结晶，是全社会共同享有的可永续利用的文化资产。因此，博物馆 IP 的公共性和内容稀缺性特质，决定了博物馆授权产业利益分配的特殊性，目前国家文物局采用博物馆统一分级的方式来对其进行财政拨款与收益监管。通过对博物馆 IP 内容的开发，博物馆授权产业成功打通了包括出版、文学、音乐、电影、电视、演艺、游戏等文化产业各门类，形成了全产业链，使博物馆 IP 形象深入人心，受到资本市场的青睐。

博物馆 IP 资源可以以藏品形象复制、图像提取、品牌独立的方式实现，形成产业化的内容要素。以故宫博物院、南京博物院、陕西历史博物馆为代表的国内文物资源最丰富的三大馆首批试行了博物馆授权产业，它们正是依托了丰富的历史文物资源，运用博物馆 IP 授权，以博物馆文创产业为载体，成功打造了品牌文物商店，统一进驻商场和景区等，全面开发博物馆经济。

二、我国博物馆文化创意产业发展建议

近年来，随着我国博物馆体制改革的深入推进和居民文化消费水平的不断提升，博物馆文化创意产业从无到有、从小到大，实现了快速发展。但是，通过调研发现，我国部分博物馆在进行文化创意产品开发过程中还面临着地方管理政策不清、开发观念滞后、开发资金短缺、专业人才不足的问题。

在政策方面，虽然近年来国家相关部门及地方政府出台了一系列支持博物馆发展文化创意产业的政策措施，但是由于在体制、机制改革方面尚须进一步加强。比如我国大多数的博物馆属于文化事业单位性质，博物馆在经营收入分配机制和激励机制方面面临较多的限制。在观念方面，大部分博物馆已经意识到依托博物馆馆藏资源开发文化创意产品对促进馆藏文化传播、拓展博物馆收入具有积极作用，但是对于如何开发文化创意产品还缺乏相关经验，导致大部分中小型博物馆存在文化创意产品种类单一，销量不高，效益不好的问题。在资金方面，对于大部分中小型博物馆而言，本身就面临着运营资金短缺的局面。文化创意产品属于高投入行业，从开始的设计，到中间的模具制作，到最后的批量生产、市场营销等环节，都需要大量的资金投入。在人才方面，由于我国博物馆长期以来属于公益性事业单位，其人员结构大多集中在文物研究、文物展陈管理等方面。而博物馆文化创意产品开发属于高度市场化的行业，博物馆在这方面缺乏专业

性的设计、市场营销人才。未来我国博物馆文化创意产业的发展必须从政策、观念、资金和人才等薄弱环节着手，紧跟博物馆文化创意产业发展的趋势，进而实现经济效益和社会效益的统一。

（一）政策层面：进一步理清博物馆发展文化创意产业的体制机制

近年来，发展博物馆文化创意产业已经成为我国各级文化文物主管部门的共识。但是随着近年来我国博物馆事业的不断发展，博物馆在数量和种类上也呈现出日趋繁荣的局面。这也在一定程度上导致我国博物馆在发展文化创意产业中既面临着共性问题，也存在着突出的个性化问题。因此，在政策层面，破解博物馆在发展文化创意产品面临的体制机制问题中，要针对人员激励不足、机构设置掣肘等共性问题，由国家层面统一出台政策文件，为博物馆文化创意产业的发展举旗定向。另一方面，针对中小型博物馆、特殊行业博物馆要采取针对性的解决措施。例如，针对部分中小型博物馆文化创意产品开发能力不足的问题，采取灵活性的考评措施，赋予其更大的自主权。在人员激励层面，要在坚持国有资产不流失的大前提下，加大博物馆文化创意部门的绩效支出，最大限度地调动博物馆相关部门从事文化创意产品开发、销售的积极性。

（二）观念层面：紧跟博物馆文化创意产业未来发展趋势

当前随着社会创新周期的加快，博物馆文化创意产业也呈现出日新月异的局面。对此，博物馆在发展文化创意产业过程中要不断解放思想，紧跟国内外文化创意产业发展实践。一方面，博物馆管理者要进一步加强对博物馆开发文化创意产品的认识和定位。博物馆管理者的观念和思路对博物馆文化创意产品的开发有着重要的影响。博物馆管理者要积极吸收国内外优秀文化创意产品开发经验，立足博物馆实际，推动文化创意产品开发。另一方面，博物馆行业协会要发挥积极的引导作用。当前，我国已经建立了完善的博物馆协会体系，并且大部分地市级博物馆协会成立了博物馆文化创意委员会。博物馆协会可以积极发挥自身的作用，在举办相关前沿讲座、组织学术实务交流以及组织专题展览方面发挥主导作用，推动博物馆之间文化创意产品开发的经验交流推广。

（三）资金方面：引入社会力量破解资金短缺困境

近年来，以故宫博物院、上海博物馆、苏州博物馆等为代表的博物馆通过开发文化创意产品取得了客观的经济收益，走上了博物馆文化创意产品开发的良性循环。但是对于大部分中小型博物馆而言，资金压力成为文化创意产品开发的主要障碍。随着近年来国家对社会力量参与博物馆馆藏资源开发支持力度的不断加大，社会力量的资金支持成为缓解博物馆文化创意产品开发资金不足的途径之一。博物馆在吸引社会力量参与文化创意产品开发中可以从以下方面着手：其一，博物馆要充分发挥自身的优势。丰富的馆藏资源和对文物背后文化的研究是博物馆的突出优势。博物馆在与社会力量进行合作的过程中要对馆藏文物资源进行全面的梳理，建立文化创意产品开发资源库，通过丰富的馆藏资源吸引社会力量参与其中。其二，博物馆要加强对合作方的筛选。博物馆作为我国公共文化服务机构，追求的是社会效益和经济效益的统一，但是当两者面临冲突时，应当以社会效益为首要实现目标。因此，博物馆在进行文化创意产品开发中，要审慎选择合作方，尤其应当注重对合作方实力和信誉方面的考察。其三，博物馆要加强对合作方的考核跟踪。为了确保社会力量参与博物馆文化创意产品开发的持续健康发展，博物馆要对合作方制定相应的考核措施，并通过考核持续筛选优质的合作方，促进馆藏资源的合理开发利用。

（四）人才方面：面向实际需要持续吸引优秀人才

博物馆文化创意产品的开发涉及博物馆馆藏资源的梳理、文化创意产品概念的设计、产品制造、产品营销推广等环节，部分数字化文化创意产品还需要大量技术人员的加入。博物馆文化创意产业高知识密集性的特点决定了人才在产品开发中的重要作用。当前，大多数博物馆在馆藏文化资源的梳理方面具有人才积累优势，但是在其他环节具有明显的人才缺口。对此，博物馆可以根据实际需要采取以下措施：其一，加大不同专业人才的引进力度。传统博物馆的人才引进往往只面向博物馆学、考古学等专业。在博物馆发展文化创意产业的背景下，博物馆应根据现实需要引进创意设计、市场营销等方面的人才，为博物馆文化创意产品的开发提供人才支持。其二，加大与专业机构的合作。博物馆除自身主动引进相关人才外，还可以采取与大学、相关研究机构合作的方式吸引相关专业人才加入馆藏资源开发队伍。其三，加大对博物馆现有人员的培训力度。当前大多数博物馆已有文化创意产品开发运营团队，博物馆可以通过异地进修、馆际交流等形式加大对博物馆已有相关人员的培训力度，使这部分人员逐渐成长为博物馆文化创意产品开发的骨干力量。

第三章

现代科技与博物馆文化传播

第一节　现代科技融入博物馆文化传播

博物馆是收集历史上奇珍异宝的主体，主要是用于保存教育研究和文化传播所需的实物资料，但是随着时代的发展和博物馆功能的转变，当代博物馆发展成了对民众开放且向民众传播文化的重要阵地。新冠疫情的不断蔓延给博物馆发展带来了很大的影响，甚至将带来博物馆发展领域重大变革。2020年国际博物馆协会调查显示，受疫情影响，被采访的博物馆中有18%可能面临永久关闭的风险，近40%的博物馆正在转向数字化，可见全球博物馆的发展已经开始调整发展战略，适应时代发展的需要。

一、数字化技术在博物馆文化传播中的应用

数字技术是利用计算机大量地搜集、整理、分析、挖掘和预测出数据的一种新型技术手段。目前，我国各行各业的发展受到数字技术的影响都非常大，数字文化消费也逐渐成了大众文化消费新的方向。近些年国家文物局积极地将现代科技融入文物保护当中，探索出数字化技术在博物馆的新应用。随着数字技术的蓬勃发展，AR、VR、AI等技术也被运用到博物馆的建设当中，对博物馆的文化传播带来了积极的影响。

博物馆进行文物展示，具有文化传播、文化教育和文化普及的作用。Web3.0时代的到来，改变了人们的生活习惯，在技术和传播方式方面都给文化产业带来了新的发展机遇和新的挑战。随着时代的发展，生活水平的

不断提高，科技文化的进一步融合，人民大众对文化的需求程度越来越高，欣赏水平也越来越高，要求也越来越高，因此，为解决当今社会的主要矛盾，满足大众的文化需求，将数字技术融入博物馆的文化传播是非常有必要的。数字化在博物馆当中的应用可以促进博物馆文化个性化、即时化的传播，可以更好地将博物馆中的文物展示给大众，体现文物的历史价值和文化价值，也更有利于发挥博物馆的文化教育传播等功能。博物馆文化传播的过程中融入数字化技术促使我国的博物馆文化传播，朝着智能化和数字化的方向迈进。

在我国，数字化技术在博物馆当中的应用时日尚浅，发展也很有局限。就目前而言，我国大多数学者对数字化技术在博物馆中的应用主要集中在数字化建设和数字化传播两方面。在传统意义上，博物馆是收藏文物的场所，是文化传播和文化交流的主要场所，担负着展示文物的职能。传统的博物馆研究主要集中在传播理念、信息传播模式、传播途径、传播符号等内容。但是传统的博物馆定义和传统的博物馆研究，缺乏与大众的交流互动，越来越不能满足大众对博物馆的期待。

数字化在博物馆文化传播当中的应用主要包括博物馆的数字化展示和博物馆的数字化传播两个方面。数字技术在博物馆文化传播中的应用是时代发展的必然，是对博物馆文化传播能力的一种补充和提升，也大大增强了博物馆文化传播的能力。传统博物馆的文化传播会有一定的局限性，大都只有对文物进行直观的展示，承载的信息量非常少。数字技术在博物馆当中的应用就可以将文物多元化地展示，可以将二维的文物三维地展示，可以让"死板"的文物"活"起来，如此便能丰富参观者的参观体验。

数字化在我国博物馆的文化传播中做了许多的尝试。新冠疫情以来，我国的文旅产业受到了很大的冲击。很多文旅产业将服务搬到了线上，文博产业也相应地在传播方面做出了创新。在做好疫情防控的基础上，国家文物局大胆创新，推送了300个博物馆网上展览资源。众多博物馆的单位和个人开始在平台进行直播展览。观众们这种线上的虚拟"围观",不仅是博物馆文化传播的一种新形式,也能实现平台与个人、个人与个人之间的交流,带来不同的用户体验。VR技术配以VR设备,让观众穿越时空,不受时空的限制,随时随地都能走进博物馆进行参观,给观众带来了极佳的参观体验。AR技术可以将文物复原,观众在虚拟与真实、历史与现实当中循环往复,享受到科技与文化交融的产物。近些年短视频平台,如抖音,成了传播文化内容的主要平台,其形式多样,通过音乐、舞蹈、搞笑等形式将博物馆文物结合现代元素,生动形象地展现给观众。很多博物馆通过短视频平台设置官方账号,引来了观众的大量关注。有些专业的博物馆开发了自身的博物馆App,如此,便可将博物馆与移动网络相结合,随时随地为观众提供参观导航、文物信息等服务。

数字技术在博物馆文化传播当中的应用,不断地打破时间和空间的绝对性,使虚拟空间与真实世界相交融,如此便能使观众沉浸在博物馆所提供的虚拟与现实相结合的时空情境当中。博物馆采用数字化进行文化传播,可以消弭时空的界限,让观众在虚拟的时空中获得真实的体验,在现实的空间得到再次重组和记忆,让观众有身临其境的感觉。如此新技术的应用,极大丰富了观众的参观体验,也极大地促进了博物馆文化的传播。

数字化技术在博物馆文化传播当中的应用,可以充分地调动博物馆的文化资源,采用新的方式将文化传播出去。数字化技术的应用能够让观众在参观的过程中身临其境地直观地看到文物带来的信息,领略到文物的魅力和价值。随着数字技术在博物馆中应用越来越广泛,是媒介与官方相结合,实现跨越时空的交流,观众参观博物馆的体验就更好。

交互设计进一步优化,用户体验得到更大提升。随着数字化技术在博物馆的应用,博物馆的界面设计产生了很大的变化,直接影响到观众的获取体验和参观体验。用户在博物馆中的参观体验主要受到浏览操作的方式、操作的流畅程度、界面布局的合理程度的影响,操作方式越简便,流畅程度越高,界面布局越合理,用户的体验感就越好。由于用户的个性化差异,就要求用户界面的设计更加个性,更加便于互动,更加为受众带来好的体验。观众在参观数字博物馆的过程中,行走的路径,文物的触感等都会影响用户体验,所以在交互设计过程中,要优化交互设计,增强用户获取博物馆信息的体验感,吸引更多参观者。

场景构建逐步完善,努力实现智慧融合。数字化技术在博物馆当中的应用,可以对虚拟出来的场景进行时空的无限延伸,如此,观众对于展品就有了更大的想象空间。通过数字技术可以搭建出虚拟场景,观众可以置身在虚拟场景之中,尽情体验博物馆展示出的文化价值。通过虚拟场景信息与现实展品相融合的方法展示博物馆藏品,可以大大地增强博物馆文化传播中的文化可视性,也就使观众直观地了解到藏品相关信息。依托于强大的互联网技术,博物馆的数字化可以将不同的空间联系到一起,人们可以不受时空的限制,从任一空间获得来自另一空间的信息。在此情况下,人们可以随意地穿越时空,实现博物馆文化的广泛传播。如此,交互程度越高,用户的体验感就越好。博物馆的数字化信息需要一个强大的存储数据库,用户的需求也是一个庞大的信息库,为了给用户提供更加优质的博物馆信息服务,就需要依托大数据和云计算,将两者的信息进行匹配筛选,根据用户需求和用户爱好,为其提供智慧化的博物馆信息。

注重用户感官体验,致力传播高质量的博物馆信息内容。数字化技术在博物馆当中的应用,创造出一个虚拟三维立体空间,观众置身其中,视觉、听觉、触觉等多感官都可以被调动,让观众有一种身临其境之感。当观众在这种虚拟环境下进行博物馆参观时,所产生的位置移动、心理变化等信息也会为大数据收录,通过计算机对这些信息进行解码分析,再将分析到的结果运用到虚拟环境设计当中,就能让观众产生通感,更加真实地体验到博物馆的数字化信息成果。

二、新媒体在博物馆文化传播中的应用

截至 2021 年 6 月，我国手机网民数量高达 10.07 亿。近些年来，人们普遍使用微博、微信等社交 App 来进行社交，这种新兴起的网络交流媒体形式，我们称之为新媒体。博物馆肩负着中华文化传承的历史使命，为顺应时代的发展，实现中华文化创造性转化和创造性发展，必须用现代的技术手段来丰富展现方式，拓宽研究渠道。因此在博物馆的文化传播过程当中，运用新媒体技术原因如下：其一，新时代新技术，新媒体具有前瞻性；其二，新媒体用户基数庞大，能极大地拉近博物馆与观众之间的距离；其三，认识到新媒体的利弊，注重内容质量；其四，注重藏品本身的意义和价值，新技术新手段只是借助的方式和载体。新媒体技术在博物馆文化传播中的应用，创造了"平台+网格"的传播模式，打破了传统单一的文化传播模式，打造了一种新的博物馆生态。新媒体技术的应用也导致博物馆在文化传播当中职能发生改变，由原来的"单方面输出"变成了"参与者"和"赋能者"[1]，也就是由传统的博物馆对外进行文化输出变成了博物馆和观众共同完成知识生产和文化生产。这种情况下，博物馆也产生了新的认知，采取新的举措，做到传播内容与传播形式的与时俱进，和受众建立平等互动的交流关系。博物馆也需要意识到新媒体背景下的文化传播是传统传播的延伸和拓展，而非取代。

新媒体在文创领域得到实践。新媒体技术已经应用到博物馆事业发展的方方面面，不论是基础的展览、出版，还是文化传播、社会教育都产生了非常深远的影响。主要表现在以下几个方面：其一，新媒体技术拉近了博物馆和观众的距离，使观众通过这种渠道了解博物馆，关注博物馆；其二，新媒体改变了博物馆文化传播的形式，拓宽了博物馆文化传播的渠道，扩大了博物馆的社会影响力；其三，新媒体不断让观众了解博物馆馆藏和

---

[1] 赵雪：《新媒体下我国综合性博物馆的信息传播发展》，硕士学位论文，云南大学，2016 年。

文化，就有助于吸引观众走进博物馆，深入了解博物馆。新媒体时代的博物馆数字资源和直接的文物欣赏体验，应该相互融合，相互促进。博物馆专业人员应该提升新媒体相关知识和素养，运用自身的专业知识，通过新媒体将两者充分融合，创造出更加专业和高知识含量的博物馆文化信息，再传播给广大民众。此外博物馆人还应该借助普及的互联网技术，和社会上的新媒体人建立联系，开展合作，以此拉近博物馆和民众之间的距离，从而促进博物馆展览、教育等职能，扩大博物馆文化传播的效能。

新媒体拉近了观众与博物馆之间的距离。博物馆内的精美藏品信息可以被称为"遗产信息"，经过媒体形式传播给大众就成了"普通信息"。观众在新媒体环境下了解到博物馆藏品信息，不仅不会打消观众对博物馆真实藏品的新鲜感和好奇心，反而会激发观众到博物馆一探究竟、一见真容的热情和兴趣，促使对博物馆藏品的进一步了解，进而促进博物馆的文化传播。新媒体传达的博物馆信息和实物观察到的信息是互补的。在用新媒体进行博物馆文化传播时，应当注重对博物馆文物的阐释性，以及传播博物馆文化的内涵和价值。如此新媒体和博物馆相融合的方式，便能帮助观众了解到在现场所不能看到的藏品信息。新媒体对博物馆藏品提前进行阐述和解释，就能吸引更多的观众亲身走进博物馆，拉近博物馆和观众的距离。

新媒体在博物馆发展当中的应用能明确中国文化定位。博物馆的文化传播不只是传播文化知识，更重要的是信息传递。对全球传播地图进行分析，发现国际传播浪潮阶段性起伏过程中，博物馆起到的作用举足轻重，因此提升博物馆的文化传播能力就显得非常重要。在第三次国际传播浪潮的引领下，新媒体伺机蓬勃发展。在国际传播的新秩序背景下，博物馆做好自身定位，不仅要做好文化传播，讲好中国故事，更要了解媒体传播属性和规律，将中国博物馆文化传播到世界文化当中去。

新媒体能促进博物馆公共文化服务的提升。博物馆文化传播本身就是博物馆公共文化服务内容中很重要的一项。从传播学的角度来看，新媒体作为新兴技术应用到博物馆的公共文化服务当中，提升了博物馆的公共服务能力。新媒体在博物馆的文化传播当中的应用，将文化传播集中在线上，打破了传统博物馆文化传播的时空局限性，但是这种文化传播方式毕竟不能让观众感同身受，有它一定的局限性。博物馆的公共服务采用新科技、新手段无可厚非，但是同时要保持博物馆能提供一手藏品资源的根本优势，保持博物馆实体文物展示的本质特点。

三、融媒体技术在博物馆文化传播中的应用

短视频平台的快速崛起给传统文博行业的发展带来了新的发展契机，博物馆文化的传播借助短视频平台进行呈现，已经成为一种新的发展趋势。根据《2021抖音大数据报告》显示，"抖音"日活跃用户已超越6亿，国家级非遗项目中超过93%开通有抖音账户。抖音已经成为中国最大非遗信息资源传播平台。在数字视觉媒体的冲击下，博物馆文化传播需要借助于短视频平台进行创新和实践。这种"跨界融合"，打造出"短视频＋博物馆文化"的传播新模式，给博物馆的文化传播带来了新思维、新特点、新传播方式。

"短视频＋博物馆文化"传播模式下，传播对象更加的广泛，传播形式注重互动。传播学家梅洛维茨在媒介情景论中提出，外界环境的变化将导致社会环境的变化，进而导致人类行为的变化。在"短视频＋博物馆文化"传播新形势下，生活化的短视频内容展示形式与博物馆本身的历史厚重感相互融合，增加了观众和博物馆之间的沟通互动，打破了传统博物馆实体展示藏品资源的权威性和话语权，给观众一种平等对话的心理建设，观众由之前被动地接受展品信息资源变为主动地和博物馆平等对话，也就参与进了博物馆的文化传播过程。"短视频＋博物馆文化"传播模式还打破了传统博物馆文化传播对时间和空间的要求，中国国家博物馆抖音账号已经拥有 92.9 万粉丝，由故宫博物院宣传教育部开通的抖音账号"带你看故宫"已拥有 85.3 万粉丝，如此庞大的关注量，就把小众的博物馆文化传播拉向了大众。人们可以在抖音平台上跨越时空，随时随地地浏览各地博物馆，扩大了博物馆文化传播的范围。

"短视频+博物馆文化"传播模式下，能实现信息传播渠道的互相联动。学者曼纽尔·卡斯特在《网络社会的崛起》一书中提到，网络社会当中媒体和用户就是一个一个的节点，各节点之间相互连通，节点平台之间互相联动，实现网络社会的信息传递。在"短视频+博物馆文化"传播模式下，中国国家博物馆和其他博物馆利用抖音平台，开展在家云游博物馆的直播活动，直播活动邀请了博物馆领域的专家进行专业且生动的现场讲解，并采用 VR 技术对博物馆的藏品进行展示。直播过程中观众可以在直播间和专家进行互动，专业人员会对粉丝的问题进行在线解答，这样观众就和博物馆之间形成互动。直播过程中除了观众和博物馆之间形成沟通互联，粉丝和粉丝之间也可以通过评论区进行联系沟通。"短视频+博物馆文化"的新传播形式，不仅能多渠道地展示博物馆文物信息，也能增强与观众之间的互动，增加观众对博物馆传播文化信息的认同感，从而促进博物馆的文化传播。

"短视频+博物馆文化"传播模式下，能达到多中心裂变式的传播效果。詹金斯提出的参与式文化理论指出，在文化融合的大背景下，人们对传统媒体的关注已经开始向新旧媒体相融合的方向转变，这一转变主要在于大众的参与，在于观众既是文化的生产方，又是文化的消费方。目前，伴随着抖音平台日均 6 亿的流量，促使抖音成为了文化传播的一个重要节点。在抖音平台上，每一个用户都是其中一个节点，每一个用户节点都可以与其他用户进行沟通互联，这就形成了一个非常庞大的用户节点网络，传递的信息就可以在这个庞大的网络上形成多个中心，进行裂变式的传播。以

中国国家博物馆的抖音账号为例，就可以通过此节点传递给背后的 90 多万
粉丝，以这些粉丝为用户节点又可以传递给背后的无数张信息网络，也就
形成了广泛的文化传播影响力，把博物馆的文化价值无限延伸，并且大众
可以将文化信息扩展到别的平台，达到突破圈层的文化传播效果。

第二节　中外经典案例分析

一、国内经典案例

（一）中国国家博物馆

中国国家博物馆简称"国博"，是国家最高历史文化艺术殿堂和文化客厅，共有藏品 140 万余件，主要涵盖古代文物、近现代文物、图书古籍、艺术品等多种门类，有青铜器、瓷器、雕塑玉器、书画等精美藏品，其中一级文物有近 6000 件（套）。作为国家的顶级博物馆，国博除了藏品丰富，还做到与时俱进，运用先进的科技推进博物馆文化的传播。

国博 2003 年正式开通官方网站，首页显示功能极其丰富，有中、英、法等多种语言链接，可以让各国人民了解到国博的相关信息。国博中文首页将文化传播分为了征集、保管、研究、展览、社教、文创、服务、学习、视频等栏目。在"研究"栏目下设有学术动态、研究机构、专家学者、科研项目、研究成果，规模庞大的科研团队，为国博在文化产业创新和发展上提供了强大的专业支撑。在"展览"栏目下设有近期新展、主题展览、基本陈列、专题展览、临时展览等展览导航，观众可以根据自身需求，提前规划自身的参观路径。此外，此栏目下还专门设置了"网上展厅"，里面包括有金玉满堂、薪火相传、天地同和、国色初光、礼出东方等线上展厅，观众可以足不出户地感受国博的文化魅力。在"社教"栏目下，国博着重发挥自身的社会教育职能，设有讲解导览、馆校合作、教育活动等主题。

在"文创"栏目下，国博注重文化与时代的结合，设有文创设计、饮食文化、展览制作、文物鉴赏四个模块。国博还在天猫平台开设"中国国家博物馆旗舰店"，有粉丝数 210 万，产品类型包括古韵家居、国风配饰、国博文房、雅致生活、海晏河清系列、大观园系列、岁月静好系列等多个产品类型。

国博除了官方网站外还开通了微信、微博、抖音研发平台，采用新媒体技术，紧跟时代脉搏，与观众互动。截至 2022 年 3 月，国家博物馆微博粉丝量 515.9 万，视频累计播放量 3502.1 万，发布微博 20089 条。国家博物馆微博首页的头像为国家博物馆建筑，下面标有"中国国家博物馆"中英文字样，头像配色以白底为主，干净大方简洁。界面背景配色为中国红，显示内容为中国古代画卷展示长廊，页面左侧显示为国博相关简介、官方网站链接和文物链接，右侧循环播放国博建筑和周边图片。主界面下方会显示关注推荐，其中包含其他博物馆信息，也会显示其他关注国博的用户，这样用户可以关注到除了国博外的其他博物馆相关信息，也可以看到其他喜欢国博的有共同喜好的用户。

2012 年 12 月，国博微信公众号正式开通，2015 年 12 月完成认证。在微信搜索公众号"国家博物馆"可搜索到国博微信公众号，点击关注之后会收到国家博物馆发来的欢迎信息和公众号使用导航，导航包括三个模块：看展览、我要来、读国博。如在公众号下边的菜单栏点击"看展览"，会出现国博导览、讲解服务、虚拟展厅、展览申请、展览视频五个模块；点击"我要来"可以看到预约入口、国博讲堂、联系国博、文物征集四个模块；点击"读国博"会出现国博资讯、学术动态、国博馆刊、国博文创、观众之声五个模块。使用国博微信公众号既为观众在参观过程当中提供了快捷和方便的导航，也给人们带来了解国博的新途径和新方法。

（二）故宫博物院

故宫博物院 1925 年成立，位于北京故宫紫禁城内，它是在明清两代王朝皇宫建筑的基础上成立，收藏包括而不限于明清两代藏品的博物院。故宫博物院建筑面积大、藏品多，观众在参观游览时受到诸多方面因素的影响，有可能不能看到心仪的藏品和建筑。因此，故宫博物院的数字化建设就是对实体故宫的另外一种补充呈现，两者相辅相成，旨在为观众提供更为专业贴心的服务。

故宫博物院 1999 年开通官方网站，每天有超过 100 万人次的点击量，网站有中文、英文、青少年版三个版本。经过不断地调整完善，目前故宫博物院网站共有首页、导览、展览、教育、探索、学术、文创、关于八个栏目，做到了简洁明了、大气磅礴。主页左上方显示故宫博物院红色"宫"字 logo，并在右侧显示"故宫博物院"的中英文字样，右上分显示留言板、用户登录、主页语言版本、搜索框和详细导航。

故宫博物院 2010 年 3 月 5 日开通微博账号，并于 2010 年 11 月完成注册，共有 1028.7 万粉丝，发布微博 11401 条，共被转发、评论、点赞 3115.9 万次，其子账号"故宫淘宝"拥有粉丝 99.5 万，此账号为故宫文创产品的营销账号，由于诙谐幽默，生动有趣的语言风格，被网友们亲切地称为"淘公公"。故宫微博账号背景图为一幅中国古画，左侧显示微博认证信息，行业类别、故宫简介以及故宫博物院官网链接和故宫博物院门票预售链接；下方显示故宫博物院最新文章报道，相关工作人员信息如故宫淘宝、故宫出版社、故宫博物院官方旗舰店等；主页中间循环播放近期故宫博物院的展览情况，下方显示故宫博物院发布的最新状态和资讯。

故宫博物院微信公众号"微故宫"2014 年正式上线。在微信公众号中搜索"故宫"，可以搜到关于故宫的微信公众号有：微故宫、故宫淘宝、故宫文化官方旗舰店、故宫文化、故宫微商城，观众可以根据公众号的名字判定公众号的用途。关注"微故宫"公众号会显示欢迎信息，根据回复数字的不同，观众会获得开放时间、票务政策、导览地图、地理交通、游览须知等信息。微故宫公众号，导航栏共有三个栏目，分别为"看一看""逛一逛""聚一聚"。"看一看"栏目下显示的是数字故宫的相关信息资源；"逛一逛"栏目下显示的是全景故宫、故宫展览、故宫文创馆、故宫微店；"聚一聚"栏目下显示的是奉旨签到、一起嗨、爱上紫禁城、故宫 App、九九消寒图，用户可以根据自己的需求和爱好点开所想要了解的信息，以全景故宫为例，点开，选择语言，就可以了解故宫全景。

故宫博物院除了采用新媒体形式和数字形式来进行文化传播，故宫文创产品也做得有声有色。2008 年 12 月，故宫淘宝官方旗舰店正式成立，在此平台以电子商务的形式推广各式各样的故宫文创产品。目前，故宫文创店铺不仅包括故宫博物院文创旗舰店、故宫博物院文创馆、故宫淘宝、故宫文创旗舰店四家网络店铺，还包括故宫刊物、故宫出版旗舰店。截至2022 年 3 月，"故宫博物院文创官方旗舰店"已拥有 474.2 万粉丝，"故宫淘宝"店共有 822 万粉丝。故宫文创产品已经超过 10000 件，如风靡到断货的故宫口红，仪式感满满的朝珠耳机，以及花翎伞，"朕就是这样的汉子"字样折扇等，故宫文创店的每一样产品上线都会引起广大网友的大量的关注。

故宫博物院为创新文化传播形式，和北京电视台共同打造了大型纪录片《紫禁城》，以及大型文化类节目《上新了·故宫》。为做好故宫文化传承，担负起时代赋予故宫的历史使命，展现出故宫 600 年的文化魅力，此类节目的轮番上线就为博物馆的文化传播带来了新的生机和活力。纪录片《紫禁城》是为纪念紫禁城建成 600 周年而拍的，立足于中华文明和世界文明的高度和维度，是以故宫为核心，内容贯穿古今，重磅打造出的精品。《紫禁城》深入探析故宫内部各个隐秘的角落，全面分析海量珍藏的文献资源，重磅打造我国最自豪的文化自信蓝图。故宫是中华优秀传统文化代表，中外文化交流的场所和见证者，《紫禁城》就承载着国家的历史记忆，彰显着中华文化软实力。《紫禁城》打造成功之后，故宫又和北京卫视联合打造文化类节目《上新了·故宫》，节目中文创新品开发员和故宫专家一起进入故宫寻宝识宝，探索故宫博物院内珍贵的历史宝藏和深厚的历史文化底蕴，之后再联合设计师或高校设计专业的学生，以他们的好奇心与想象力进行脑洞开发，挖掘每个人心目中认为的"故宫"，设计出一个引领潮流的文化创意衍生品，将故宫文化和广大观众联系到一起，满足年轻人把故宫文化"带回家"的愿望。

（三）河南博物院

河南博物院是一所国家级综合性博物馆，占地面积126亩，建筑面积5.5万平方米，馆藏文物17万余件，藏品以青铜器、陶瓷器、玉器为代表，其中国家一、二级文物5000余件，馆内藏品具有极高的文化价值和历史价值，部分藏品被誉为"国之重器"。

河南博物院网站首页内容丰富，且分类明确。主页中间显示为河南博物院logo和"河南博物院"中英文字样，中文在上英文在下。主页右上方可以选择主页的语言类型，包括简体中文、繁体中文和英文，右上方同时还可以直接扫码下载手机App，在移动端查看河南博物院网页，办公人员可以直接由主页面进入OA办公系统。主页分为9个栏目，分别为本院概览、文博资讯、陈列展览、典藏精品、学术研究、公众服务、品牌教育、文物保护、文化创意。主页中间循环播放河南博物院最近的展览情况，主页下方左侧显示河南博物院的新闻，主要包括院内动态、媒体关注、公告预告；右侧是服务指南，包括公开博物院的开放时间、预约电话，以及预约参观、服务设施、服务项目、人工讲解等服务信息。主页面的左下方显示的是河南博物院的特色藏品，包括镇院之宝、基本陈列、藏品精粹；右侧显示博物院的概况，主要包括本院简介、机构设置、博物馆章程、理事会、建院历史、对外交流、文明创建、党的建设、大事记。

值得强调的是，考虑到观众需求，河南省博物院主页左上方直接可以链接到河南省文化和旅游厅、河南省文物局。河南博物院主页右侧，包含了所有与河南博物院相关的信息发布台的二维码，其中包括河南博物院智慧导览小程序、学习强国客户端、河南博物院微信公众号、河南博物院官方抖音、河南博物院官方微博、河南博物院 B 站、河南博物院头条、河南博物院央视频。河南博物院主页如此设计，给观众提供了极大便利，也满足了观众在同一平台就能关注到其所有平台的相关信息的需求，并且还考虑到观众使用感受，各个平台的链接形式采用的都是二维码，观众甚至不用文字输入，扫码即可完成关注所需信息。

河南博物院 2019 年 1 月 2 日正式注册微博账号，4 日发布第一条微博，内容为"回顾 2018——致砥砺前行的河南博物院"微博视频。微博注册的三年时间里，河南博物院共有 26.2 万粉丝，发布微博资讯 3779 条，共被点赞评论转发 69.7 万，视频累计播放量 5675.1 万。微博首页和故宫、国博的微博首页类似，头像为河南博物院 logo，背景图为河南博物院建筑，主页循环播放河南博物院参观窗口和最近展览情况。河南博物院发布的微博资讯紧跟时代潮流热点，多次登上微博热门，如在微博上发布文创产品"小块兽"，并发布抽奖互动，让观众参与其中，拉近了观众和博物院的距离；在"国际小狗日"发布藏品"绿釉陶立狗"，并以"单身狗"调侃单身人士；在"三八"妇女节发布古代女性陶俑和壁画，肯定女性在各行各业做出的不平凡成就，致敬了不起的她；在疫情来袭，郑州封城之际，以戴上口罩的陶俑，呼吁大家做核酸；河南博物院还会专门转发微博上 @它的网友信息，并进行回复，在博物院和观众中间形成互动。就是因为河南博物院微博账号这种紧跟时事、诙谐幽默、活泼可爱的语言风格得到了大家的喜爱，也吸引了大批的观众关注河南博物院的文化传播，发布的微博信息转发量才会如此之大。

河南博物院的微信公众号关注之后会显示欢迎信息，和其他公众号不同，河南博物院公众号会在关注后直接提供参观攻略、平面图、体验厅和壁纸。"每月壁纸"是河南博物院公众号独有的，其他公众号均未涉及。

公众号主页有三个栏目：我要参观、我要预约、更多服务。"我要参观"栏目下包括本院概况、智慧导览、移动网站、中原藏珍；"更多服务"栏目下包括我要上网、华夏古乐、豫博文创、文创大赛。

河南博物院除了使用数字技术、新媒体进行文化传播做得有声有色，其文创产品也在全国设计大赛中斩获金奖，受到观众的喜爱，风靡一时。如河南博物院推出的文创产品"考古盲盒"，被人民日报官方微博点赞，一经上线就得到了大家的喜爱和认可，线上线下多次脱销。"考古盲盒"不同于一般盲盒，包裹"宝物"的土来自于洛阳邙山，宝物的材质为铜器、陶器、玉器等文物所用材质，大众采用迷你版洛阳铲探孔定位，"挖掘"出青铜虎符、武则天金简等"迷你版"文物。考古盲盒出品的文创产品从形式到质量都得到大众的一致好评。趁着"考古盲盒"大热的东风，河南博物院又乘胜追击，对"考古盲盒"进行迭代升级，联合其他文博单位打造"定制款"考古盲盒。2021年，河南博物院在全国大众创业万众创新活动周上又推出"数字考古盲盒"，模拟考古现场，满足了大众想要进行考古的愿望，之后，这款盲盒在国庆假期7天就吸引3000万用户"在线考古"。

河南博物院除了文创产品得到大家的一致好评外，根据河南博物院藏品创作的文化节目也风靡全国。2021年，根据河南博物院藏品"唐俑"编排的舞蹈《唐宫夜宴》在河南电视台春晚节目中播出，一夜之间，几个唐宫少女就完成了对各大头条的"霸屏"。此节目的服装、道具、化妆均符合历史原型，衣服的配色为唐三彩的经典配色红、绿、黄，化的妆为唐朝的时尚妆容"斜红"。节目采用"5G+AR"技术把最传统和最现代结合起来，让博物馆陈列柜中的14位唐朝少女，忽然间穿越时空"活"过来，在虚拟的博物馆场景中嬉戏打闹，如此古代与现代、传统与科技融合，把观众带进了一场"博物馆奇妙夜"。河南卫视在以河南博物院为代表的"唐俑"节目得到大家的肯定后，根据时节和地域特点又继续推出元宵奇妙夜、清明奇妙游、端午奇妙游、七夕奇妙游、中秋奇妙游、重阳奇妙游，主要的出圈节目有《有凤来仪》，端午档《洛神水赋》《祈》，七夕档《龙门金刚》等。

（四）敦煌莫高窟

敦煌石窟经历了千百年历史碾压，千百年风霜雨雪的冲刷，已经变得不堪一击，光度、湿度、人类走动甚至呼吸都会威胁到石窟的保存状态。目前，去敦煌石窟游览参观已不能拍照留念，甚至对每日游览人数和游览时间都有严格限制，不得不说这是观众旅行的遗憾，更是令石窟爱好者留下不能一睹真容的遗憾。为了解决不能满足游客文化旅游需要的矛盾，敦煌研究院 20 世纪 80 年代提出"数字敦煌"，旨在借助数字图像、虚拟现实技术、计算机技术，获得对敦煌石窟的永久保存和发展。

"数字敦煌"是以虚拟现实、增强现实和交互现实三项组成的保护与虚拟工程，以毫米为精度，利用测绘遥感技术，将敦煌石窟的文化遗迹数字虚拟化保存于电脑中，文化保护、文化教育与文化旅游融合发展。数字敦煌在先进的文物保护与发展的理念和先进科学技术保障的基础上，对敦煌石窟的文化遗迹进行全面的数字化采集、加工和储存，并以文献、图像、视频等多种数据收集整理作为补充，为大众提供一个数字化、共享化的敦煌石窟数字化文化资源库。数字敦煌让脆弱不便展示的文物再一次以虚拟的形式出现在大众视野里，实现对文物遗迹的保护，同时也打破了时间与空间上的限制，让更多对敦煌石窟感兴趣的人一睹敦煌石窟风采，数字化无损性复制也让研究畅通无阻。

"数字敦煌"是敦煌莫高窟保护利用工程的核心项目。"数字敦煌"网站有简体中文和英文两种语言页面，首页显示有三个栏目，分别是洞窟、壁画、检索，左上角显示有专业设计 logo，并配有"数字敦煌"中英文字样，中文在上，英文在下，页面中间循环播放敦煌石窟特色洞窟和周边景色。目前，数字敦煌以 300DPI 的采集精度实现了 30 个洞窟、10 个朝代、443平方米的壁画的数字化。主页下方显示有莫高窟的数字化成果：经典洞窟和经典壁画。主页最下方解释了"什么是数字敦煌"。敦煌石窟是中国历史长河中的一颗璀璨明珠，见证着古代丝绸之路上不同文明之间的对话。敦煌石窟凝聚了古代中国人民的智慧，建造了举世无双的艺术宝库。而"数字敦煌"汇聚了当今人们的努力与付出，让更多的人知道敦煌莫高窟的美。

敦煌石窟的数字化让大众足不出户便可实现对石窟与壁画的探访。进入数字敦煌，在 Exit VR 的技术下访客可以拥有绝佳的数字化虚拟沉浸式体验，实现 360 度全景漫游，在虚拟漫游中，访客能够向前、向后、放大、缩小，还可以根据白色方向标进行探索。点开任何一个石窟或壁画，在全景漫游的一旁都会有其详细的历史、朝代、背景等信息介绍。

敦煌莫高窟的微博官方账号"莫高窟"2011 年正式注册成功，目前已拥有 74.1 万粉丝，发布 3267 条微博信息，点赞评论转发 134.4 万次。微博页面布局与以上博物院类似。关注敦煌莫高窟微信公众号"莫高窟参观预约网"后会收到欢迎信息，比故宫和国博增加了人工咨询电话，菜单栏分为三个栏目：预约购票、参观资讯、研学文创。预约购票栏目下分为莫高窟门票预约、西千佛洞门票预约；参观资讯栏目下分为公告资讯、预约购票指南、参观游览指南；研学文创栏目下分为这就是敦煌、出发啦敦煌。

国内数字技术和多媒体技术在博物馆中的应用，除了"数字敦煌"，还有扬州中国大运河博物馆的数字沉浸式体验展——运河上的舟楫与河之恋，将实体与数字虚拟技术相结合，通过投影播放和互动体验，360 度环幕视频，让人情不自禁就陷入其中，如古人般置身古香古色的情景中。还有故宫博物院的《清明上河图 3.0》，数字科技与故宫出版社呕心沥血制做出历史文化长卷，展示了作品的艺术神韵、文化内涵与历史风貌，让宋代先辈们的声貌重新展现在我们面前。国外有 MIAC—意大利视听电影博物馆，博物馆利用视觉和听觉材料，让观众在跨媒体语言、视频艺术与互动装置的作用下实现感官与知觉的反应，达到沉浸式体验。

这个时代是亿万人处于信息资源高消费的时代，人们注重自身体验性的文化需求，人们的文化消费也有了更高的要求。人们不仅要求内心与头脑的文化满足，还在寻求感官上的满足。这个时代是科学技术飞速发展的时代，也是博物馆转变自身文化传播方式的时代。VR 技术、WEB 技术、多媒体技术、计算机网络技术的发展，给博物馆展列方式带来了更多可能性，博物馆交互体验方式日渐丰富，也能够更好地获得并分析观众的反馈。不管是实景沉浸式的文化体验还是数字虚拟下的文化体验，都反映出人们的多层次文化需求被注意与被满足。沉浸式、交互式的文化体验的发展也为其他发展中的博物馆提出文化传播新方向。

二、国外经典案例

（一）巴黎卢浮宫博物馆

1995 年巴黎卢浮宫博物馆作为开创世界数字博物馆的先例，正式开通了网上博物馆。卢浮宫本身是法国王宫，大革命期间议会将其改为博物馆向公众开放，让公众也能看到法国王室收藏的珍贵藏品。卢浮宫因为藏品的数量和质量，成为世界四大博物馆之一。卢浮宫一直以其独特的文化特点，屹立于世界博物馆之林，并做到与时俱进，随着时代的发展及时做出相应的调整和改变。

自互联网萌芽期，卢浮宫就敏锐地察觉其优势，率先开通博物馆网站。随着时代的发展和网络的普及，网站上所包含的内容也越来越丰富。目前，卢浮宫博物馆的网站首页开通了包括中文、英文、法文、西班牙文等在内的主流语言网站，页面布置基本一致，给世界各地不同国家的人民了解卢浮宫博物馆提供了便捷。通过卢浮宫博物馆首页可以完成在线订票，以及了解每日开放时间。在网站首页有"参观服务""探索发现""资讯活动"三个主要模块。在"参观服务"模块，观众可以在线上浏览卢浮宫博物馆馆设全貌，并了解各馆的进出位置。在参观服务模块还设置了疫情防控、开放信息 / 门票价格、地铁 / 入口 / 交通、馆内服务、餐厅 / 咖啡厅、亲子参观、团队参观陪同、无障碍环境、常见问题解答等问题。在探索发现模块可以看到卢浮宫的建筑群、公园、参观路线和馆藏。根据参观路线就可以提前了解博物馆内藏品的位置，根据个体偏好，提前规划参观路径。在卢浮宫博物馆网站首页同时还公布了"卢浮宫博物馆官方微信公众号"和"卢浮宫博物馆官方微博"。通过这两个公众平台，观众可以了解关于卢浮宫宫殿和收藏品的相关信息。

（二）美国大都会艺术博物馆

美国大都会艺术博物馆（Metropolitan Museum of Art）有 200 多万件艺术藏品，17 个馆部，主建筑面积超过了 8 万平方米，是世界上建筑面积最大，参观人数最多的艺术博物馆之一。大都会艺术博物馆于 1872 年开馆，有美国装饰艺术馆部、古代近东艺术馆部、古埃及艺术馆部等馆部，主要藏品除了艺术品外，还包括服装、饰物、武器、乐器等门类。大都会艺术博物馆主页可以看到有 Visit、Exhibitions and Events、Art、Learn with Us、Shop 五个模块。在"Visit"模块中，有馆内特色"Audio Guide"，浏览音频指南，用户点击号码可以查找到最新的音频指南，传输或下载到用户设备，通过拨号的形式聆听关于各种艺术品、展览品相关的信息，还可以选择在画廊聆听，或者在家听。在"Learn with Us"模块下，策展人、藏品维护专家、教育家共同研究完成"Timeline of Art History"栏目。此栏目下又分为随笔、艺术品、年表，根据所处的地域和历史时间段，把世界艺术史按照线性的发展脉络呈现。按照时间线和地域归类如此庞大的文物藏品，就为观众带来了极大的浏览便捷。地域以"中国"为例的年表，又细分了主要年表、次要年表、统治者名单、关键词。如此全方位、多层次的细分，观众就可以根据分类在网上浏览到想欣赏的藏品信息。

（三）英国国家博物馆

英国国家博物馆又称大英博物馆，是一座综合性的博物馆，经过不断地扩充馆藏资源，目前馆内约有 800 多万件藏品，著名展馆有埃及和苏丹馆、希腊和罗马馆、亚洲馆、非洲大洋洲美洲馆、中东馆、图书和档案馆等。在丰富藏品数量的基础上，大英博物馆利用多媒体技术将藏品信息整理成资料信息库，将传统博物馆学和现代科技相融合，通过线上网络为世界各地的观众提供馆藏藏品展示和技术研究资料共享。大英博物馆有一个独特的优势，就是通过通俗易懂的文字解释，将所有馆藏藏品信息呈现给观众。此外，大英博物馆还非常注重教育职能，专门设置了孩子教育栏目。

第三节　"博物馆＋科技"存在的问题与未来发展趋势

一、存在问题

博物馆事业经过几十年的飞速发展，已经到了更新换代的关键时期，建设成为国际一流的博物馆是目前国内所有博物馆的奋斗方向。要达成此目标，不仅需要博物馆有丰富的馆藏资源，专业的学术建设团队，更要改变传统的博物馆服务理念，与时俱进，引入新科技和新技术。互联网的东风已经引起了博物馆人的注意，开始纷纷转变博物馆发展理念，将博物馆的文化传播和数字化建设当作发展的重点。因此，许多博物馆都建设了自己的官方网站，在网站上公布自己的特色馆藏，并将特色馆藏进行虚拟展示，尽可能地满足新时代背景下观众的新需求。

新媒体在博物馆文化传播中的应用更加碎片化、生活化和便捷化，将博物馆信息以更加便捷亲民、快速的方式传递给观众，带来不同的文化欣赏体验，做好文化的发展和传承。目前，大多数博物馆都把新媒体当作提升知名度、打造自身形象的平台。开通微博、微信公众平台也成了博物馆拉近和观众距离的重要途径和手段。此外，许多技术公司、媒体工作室和博物馆联合起来成立博物馆相关 IP，开发出一系列优秀作品和文创产品。尽管此类方法给博物馆的文化传播带来了积极的影响，但发展时间较短，发展程度较轻，重视程度不足，仍然有许多地方亟待改良。

（一）发展不平衡

尽管目前我国大多数博物馆都设置了官方网站，但大多数网站都是将现实中的博物馆内容照搬到网络上，延续了传统博物馆的不足。这样设计的博物馆网站内容乏味、缺乏特点、藏品展示不完美、解说内容不够详细。大多数博物馆的藏品展示都是二维展示，尽管有些网站有藏品的三维展示，但基本没有互动模块，没有新意，不能吸引观众，更没有突显此博物馆的优势和特点。总而言之，我国博物馆的官方网站设计内容不够丰富创新，形式不够新颖，信息更新比较滞后，宣传不够到位。

在开通微博方面，我国博物馆当中省级及以上的博物馆开通微博账号的比较多，而地方性的博物馆基本不开通微博账号。可以看出根据地市的不同，博物馆管理单位对博物馆运用新技术新手段的认识不同，重视程度也不同。微博这一媒体平台发展已经相当成熟，在民众当中有一定的使用基础，但是许多博物馆建立微博账号之后，对账号不够重视，不加以认证，不进行运营和维护，更新内容古板，更新频率缓慢。比如河南博物院粉丝26.2万、山西博物院粉丝37.2万，与同属于国家一级博物馆的四川博物院79.1万、陕西历史博物馆125.3万相差数倍，更与国家博物馆515.9万和故宫博物院1028.7万相差甚远。

新媒体技术在博物馆当中的应用，应当引起更深入的思考。目前国内越来越多的博物馆，开始采用新媒体技术，但是普遍没有在数字技术、互联网理念等方式上做出新的创新。未来期待博物馆文化传播能在情景式体验、现场与网络互通、知识挖掘与重构等方面作出努力，让新媒体技术更好地应用在博物馆的文化传播当中，从而进一步地提升博物馆社会服务的能力。

在微信平台使用上，大多数博物馆的微信公众号，会通过转发分享的形式来吸引观众参与，增强博物馆文化的分裂式传播。以故宫博物院为例，它将公众号按照内容分为故宫博物院观众服务、故宫博物院文化创意馆、故宫博物院学刊、故宫文化官方旗舰店、故宫尚书房、故宫研究院等，观众可以根据自己的需求和爱好关注不同的微信公众号，来获取信息，参与互动。如此，寓教于乐的形式将观众和博物馆联系到一起，增强了两者间的互动。但大多数博物馆，仅仅把微信公众号、服务号当作发布公告和新闻的平台，互动功能较差，内容枯燥滞后，关注度和活跃度也就非常低。

目前我国博物馆的文化传播新形式多集中在智能手机的应用方面，大都市博物馆委托第三方媒介技术公司开发应用。国家一级博物馆不论在资金和藏品上都有其独特的优势，在软件开发方面也有新的要求，也就更能满足当下用户的新需求，更容易被观众接受和喜爱。但是地市级博物馆面临资金短缺、藏品不足等问题，会受到一定的局限性，在博物馆文化传播方面也仅仅是停留在藏品展示、藏品讲解方面，在博物馆的智能应用方面难以产生新技术、新观点。

（二）总体水平有待提高

博物馆开通网站已经屡见不鲜，但是大量地市级的中小型博物馆网站面临着新观念、新技术、专业人才、经费等方面因素的影响。也有许多博物馆开通了微博账号，但是只有少数的博物馆注重微博账号的运营和宣传，大多数开通微博账号的博物馆，只是把微博账号当作偶尔公布信息的平台，没有弘扬博物馆特色，没有给博物馆准确定位，也没有将博物馆的文物文化价值和平台很好地融合，致使博物馆对微博账号的使用程度并不高。就目前情况而言，国内各大博物馆之间还存在着很大差异，博物馆自身的核心特色和竞争力并没有通过新媒体形式展示出来，也没有利用新媒体进行大规模传播。总之，可以看出我国博物馆事业的发展并没有很重视在新媒体领域的应用和建设，而大多数博物馆在微博微信等新媒体领域使用的过程中，也大都集中在宣传讲解博物馆馆藏资源，很少出现技术创新和互动。博物馆应当挖掘新媒体背景下，人和博物馆之间的内在联系，进而通过新媒体途径，做好博物馆的文化传播。

二、改善方向

数字化技术和新媒体的出现和广泛应用，对博物馆的文化传播带来了更大的可能性和便捷性，对博物馆文化价值的普及和多样化发展有着重大的影响。这种根据观众需求和观众爱好而进行的博物馆宣传方式，已经引发了博物馆和观众之间的关系改变。数字技术和新媒体技术等新技术在国内从萌芽到发展，从青涩到成熟，从单一领域的应用到各个领域的普及，给我国博物馆文化传播带来了新的经验和发展机遇。

（一）有效提高关注度，树立活泼负责的现代形象

在社会高速发展，社会文明程度越来越高的当下社会，世界各地的博物馆早已成为了更加开放多元的公共文化服务机构。传统博物馆"端居高位""高不可攀"的老者形象已不复存在，也不能满足当下人们的需求，取而代之的是现代博物馆运用新科技新技术，来满足不同观众不同需求，因此塑造负责任、有担当、有活力的年轻博物馆形象很有必要。如四川广汉三星堆博物馆，就曾在发布节假日不闭馆通知时没有采用公事化的语言来告知，而是采用另辟蹊径的方式发布"不闭馆通知"，用"我堆离得远""我堆不闭馆""随时欢迎大家来参观"等语言告诉观众博物馆不闭馆。在此通知下，网友也纷纷留言转发，"我堆任性""我堆好可爱"，这条微博也被"故宫淘宝"微博账号转发，在博物馆之间产生了联动，从而增加了观众对博物馆微博的关注度。博物馆作为公共文化服务单位，不仅为大众提供了方便快捷的服务功能，一言一行也均受到大众的关注和监督，因此在利用好这些新技术的基础上，也应当规范自身言行，直面失误，及时纠正，给观众塑造出勇于担当、知错能改的正面形象。

（二）根据不同工具的特点，进行针对性传播

新媒体应用到博物馆文化传播当中的工具，主要有微博、微信、其他智能手机应用软件三类，这三种工具各自又有不同的特点。微博因为其便捷性、碎片化和受众基数比较大的特点，成为我国博物馆文化传播比较注重的经营方式。微信应用比较注重私人范围内的传播，尽管朋友圈能实现分裂式传播，但它的受众基础依然没有微博广泛。微信传播也有其优势，微信订阅号的发布能够不受字数的限制，还可以更新长图文来进行宣传展示。其他智能手机的应用软件可以弥补微博、微信的劣势，深度地融合微博、微信的优势，注重内容和信息量的传递，形式上注重传播方式的创新，两者相互融合让观众能够耳目一新，进而更加深入地关注博物馆文化传播的内容。如此，观众便可以通过精巧方便的智能设备，链接到博物馆文化传出的大量信息，也能通过此种方式在网上传播的形式当中占有一席之地。比如，故宫博物院授权开发的智能应用中除了"韩熙载夜宴图""胤禛美人图"，还包括日历与文物结合起来的"每日故宫"系列。

（三）发现新的契合点，不断延伸创新

在技术革命日新月异的现代社会，博物馆的文化传播不仅依赖于新的科学技术，还依赖于创新思维。博物馆文化传播过程中运用好这些新的平台，找到自身文化价值与其平台的契合点进行实践创新，不仅可以完善博物馆现存的文化内容，也拓宽了文化传播的渠道，更有利于实现自身文化价值的延伸。辽宁省博物馆曾经专门展出过丰子恺的《敝帚自珍》漫画作品，通过此次展览除了让观众欣赏到丰子恺先生的这些经典作品外，也能让观众通过讲解，了解到丰子恺这位艺术家的作品精髓和文化内涵。这次展览观众热情空前高涨，吸引了大批观众参观，其中包括大量的幼儿、少儿。辽宁博物馆敏锐直接地抓到这个契合点，在其微信公众号上定期推送漫画作品讲解和解读，把本来阳春白雪的艺术文化通过生动形象的方式展示给

大众。辽宁省博物馆就牢牢地抓住了观众对国内漫画作品的喜爱，和微信公众号联系起来，做到完美契合，做出创新，进而服务大众。

三、未来发展趋势

21世纪信息飞速发展，信息与传播在博物馆文化传播中的作用空前突显。在当下，数字化的博物馆信息资源，网络化和交互性为最大的技术优势，以资源存储量大、形式丰富、覆盖广、速度快为传播优势，成了当下人们沟通和交流的第一选择。通过数字化技术和新媒体，博物馆文化传播可以打破地域和时间的限制，便捷文化传播的路径。目前新媒体在我国博物馆文化传播当中的应用还处于前期阶段，很多方面尚不成熟。随着新技术、新手段在博物馆文化传播当中的应用，如何合理地规范和引导博物馆文化传播的形式，促使博物馆文化传播朝着健康的方向发展，成为了我们需要关注的重点问题。

（一）结合自身实际情况，采用适合的社交媒体

尽管很多博物馆采用智能应用进行文化传播，但是根据博物馆级别的不同，如地市级博物馆面临馆藏文物有限、资金缺乏、学术研究能力匮乏等制约，组建开发团队，进行网站创新和智能应用创新是有一定的困难的。此过程不仅费时费力，而且周期较长，效果显示缓慢。中小型博物馆在使用新媒体时可以着重把精力放在微博、微信上，因为它们注册免费，运营成本较低。中小型博物馆可以把微博、微信当作博物馆文化传播发布信息和观众交流的主要阵地，在此账号上固定时间更新，及时发布有趣的馆藏资讯，和其他博物馆相互联动，保证账号活跃度，促使观众能够被动接收博物馆信息，加深印象。如此，中小型博物馆可以根据自身的实际情况，放弃费时费力的智能应用设备的开发，选择适合自己的推广平台。中小型博物馆要在微博、微信平台保持固定的更新频率，一些内容要紧跟潮流时尚，

使用当下的流行语、流行话题、流行资讯来满足人们对博物馆文化传播内容的惊喜和期待。

（二）关注儿童教育，发挥博物馆教育职能

博物馆的教育职能是其基本职能。在对以上经典案例分析过程中发现，国外的博物馆文化传播非常注重对儿童这一群体的服务与教育，这也是我国文化传播与国外博物馆文化传播最明显的差别。在我国的博物馆中，很少有博物馆专门设计为儿童服务的栏目。就目前而言，故宫博物院在网站上设有儿童网页，通过现代卡通技术向少儿展示故宫博物院的文化；陕西历史博物馆通过卡通形式向观众传递博物馆文化信息，而其他博物馆很少有专门为儿童服务的文化传递。尽管目前我国的儿童使用新媒体工具受到制约，但是博物馆要善于发现和诱导进行迂回宣传。例如，在博物馆展览当中设计吸引儿童的展览内容，在展览中向观众强调此次展览对儿童的益处，在展览活动中设置亲子活动吸引家长带领孩子参与博物馆文化传播。博物馆的文化传播过程当中，只有关注儿童、涉及儿童的切身利益和成长，才能吸引家长带领孩子参与，才能让儿童从小就对博物馆产生情感，才能促进博物馆的长远发展。

（三）根据当地文化，发展特色文化IP

IP指的是Intellectual property，意为"知识产权"，原多指文学、视听、游戏和动漫等领域，后扩大到博物馆、文化馆等领域。传统的博物馆产品大多以书、画、文物等的仿制，作为观众的纪念品收藏，销售的对象也主要是参观者或者买来做赠品的相关部门。如此情况下，销售额普遍较低，受欢迎程度也比较低，比较脱离市场。长此以往，大家对博物馆的文化产品不太关注，也没有期待，也因此对博物馆IP、博物馆文创产品等问题不甚关注。但是，随着文创产品和文化节目的不断"破圈"，并发展

成为一个产业，逐渐被观众和市场接受，焕发出新的生命力，博物馆文创、博物馆 IP、文化 IP 等词，也越来越被大家关注和接受。顺应时代的发展，在倡导文旅融合的大背景下，博物馆文化 IP，既能进行博物馆文化传播，又能满足大众的文化需求；博物馆文创产品既能展现博物馆的文化精华，又能满足旅游者购买旅游纪念品的爱好。近些年博物馆 IP 被社会各界关注，也引起了政府机构的重视。

互联网和大数据时代的到来，让人们接触到纷繁复杂的海量信息，信息碎片化严重，人们对信息的理解和分辨已经超过负载，面对此情形，博物馆应当及时对文化传播做出调整，在新媒体形势下选择代表自身文化特色的文化内容和质量，结合本馆实际特点，找准文化定位。博物馆文化传播要想在新媒体形势下，找准自己的一席之地，这个过程不是一蹴而就的，需要不断地探索，不断地结合观众的实际反应做出调整。比如"故宫淘宝"微博账号，一开始观众的关注度并不是很高，但是它保持不断更新状态，抓住宫廷文化的特点，用藏品结合时下流行的元素制作出创意新品，在平台进行宣传推广。在发布产品介绍时，"故宫淘宝"会在尊重历史的基础上，将新产品用当下流行语言介绍出来，戳中观众笑点，吸引观众关注，得到网友认可。如此"故宫淘宝"发布的信息一改故宫往日威严森森的状态，变得轻松、活泼、搞怪，得到大众的喜爱，因此，成功地吸引了广大网友的关注。

（四）注重内容提升，形成良好互动服务体系

目前，网友对博物馆微博和微信账号的关注程度越来越高，博物馆在利用新媒体进行文化传播的过程当中，应当注意从如何吸引观众注意转向如何提升文化内容质量。随着对博物馆微博、微信账号关注度的提高，观众对博物馆的要求也越来越多，越来越高，单纯的博物馆提供文化创意已经不能满足受众的需求，还需要在博物馆和受众之间建立良好交流平台，

增加互动。博物馆在利用新媒体进行文化传播时，除了要提升博物馆的文化服务质量，做出相应的服务策略，也应当了解观众的需求和体验感，使受众不至于在浏览博物馆信息时觉得被遗忘和冷落。

新媒体在博物馆中的应用，为博物馆和受众之间建立了互通桥梁，博物馆会向受众传递藏品信息资源，受众会在新媒体平台下，留言自己对博物馆的意见和疑问。针对此情况，博物馆应当对网友的积极留言表示感谢，对网友提出的疑问做出回答，对网友的意见进行解释和采纳。只有让观众感觉到博物馆对观众意见的认可时，才能拉近博物馆和受众之间的距离，让博物馆显得可亲近，观众也才更愿意为博物馆文化的传播提出意见和建议，这样就能形成良好的互动服务体系。例如，在中国国家博物馆官方微博下，就经常看到普通观众在评论里贴出去国博参观的照片，国博也会祝福观众游览开心，还有观众会对参观的博物馆照片进行娱乐处理，博物馆收到后也会进行机智调皮的回复。博物馆和受众之间形成良好的互动关系，就会吸引更多观众的关注和青睐，博物馆在某一平台，被关注得越多，就会带动该博物馆在其他平台的浏览量和关注量，被关注得越多就越有利于博物馆文化的传播。

（五）构建合理展陈体系，体现博物馆文化特点

根据博物馆免费开放文化的新形势和新要求，要做好文化传播，需要根据博物馆的馆藏定位、产品特点，通过专业的科学分析、调查与验证，确立出符合博物馆特色的基本陈列体系。此外在做好基本陈列的同时，不仅要满足民众日益丰富的精神文化需求，也需要引进国内外优秀的藏品，如在辅助馆举办常换常新、特色鲜明的临时展览和特色专题陈列区。

在当今时代，观众在博物馆文化传播中的地位和作用得到了普遍关注和认可的情形下，当代博物馆面临被大量的信息包围，被用户需求驱动的状态，对当代博物馆进行展陈的主要设计特征就是"参与式设计"，因此，

对博物馆数字展陈的设计陈列就要尽量增加互动性。博物馆物理空间的实体资源主要包括展品、展柜及其他公共设施，直接可见的实体信息和间接可见的数字文物信息包含在博物馆的数字化设施中，用户可以通过各种设备来获取间接可见的数字化信息，如自身的移动设备。

　　数字化时代的发展，由于各个博物馆的级别和数字展陈设备的不同，覆盖范围几乎涉及整个博物馆的各个空间，是一个非常庞大的数据管理系统。在此，笔者根据博物馆的平面图，对博物馆的数字转呈进行深度的剖析，进而探讨出适合当代博物馆文化传播发展的展陈方式。目前，大多数博物馆主要采用的都是线性序列的信息序列结构，也就是说在图书馆刚开始就给观众规划设计好一条或者多条参观路线。这一种线性序列的信息序列的参观模式，在博物馆的路线规划中非常常见，河南省地质博物馆就是其中一个代表，馆中参观路径 1F 到 3F 都是基本一致的弧形长廊。长廊两侧放置常规实物展柜，在展柜旁边搭配打印的彩色文字解说与宣传展板。对于比较小巧的展品会配备凸透镜，以方便观察其肌理和纹案。馆内除了配置有液晶显示屏外，还有一部分数字展陈设备。馆内设置弧形长廊参观通道，结构简单，但弊端也很明显，若一旦出现大规模的人员参观，将很有可能造成长廊中人员聚集拥堵，而影响观众的用户体验。小型博物馆和中型博物馆，或者时代久远的博物馆，多采用线性序列的信息结构。

第四章

文旅融合与博物馆文化传播

第一节　文旅融合与博物馆文化传播

随着我国文旅融合的趋势不断加深和扩展，提出"以文塑旅、以旅彰文"的发展路径和"宜融则融，能融尽融"融合理念。博物馆作为公共文化服务机构和文化旅游的重要载体，承接着向社会公众提供学习、教育、娱乐的社会功能。按照这种融合理念全面参与到文旅融合实践中，成为文旅融合的组成部分。

一、文旅政策与博物馆文化传播

针对博物馆文化传播，国家文物部门很早就出台相关措施鼓励博物馆大胆创新和不断推陈出新，提升文化传播的广度和深度。如《博物馆条例》（国务院令第659号）第一条提出博物馆的目的就是"为了促进博物馆事业发展，发挥博物馆功能，满足公民精神文化需求，提高公民思想道德和科学文化素质"。这说明，我国博物馆的第一要务就是"以人民为中心"进行文化传播，目的是更好地为人民服务。

党的十八大以来，国家陆续出台了一系列促进"文旅+博物馆"融合的政策，进一步促进了博物馆的文化传播。《国务院关于加快发展旅游业的意见》提出，总体目标是2020年我国旅游产业基本达到世界旅游强国水平；支持各地博物馆与旅游业结合自身资源，创设研学旅行基地、发展文创产品等，提出了博物馆发展旅游产业的具体措施。2014年国办发《关于推进文化创意和设计服务与相关产业融合发展的若干意见》提出，要求博物馆等相关保护单位要深度挖掘文化资源，到 2020 年达到深度融合的目标。后续在 2016 年国办连续出台《国务院关于进一步加强文物工作的指导意见》《关于推动文化文物单位文化创意产品开发的若干意见》等文件，进一步鼓励博物馆进行突破和创新，建设丰富多样的博物馆体系。《国家"十三五"时期文化发展改革规划纲要》要求，"十三五"时期末，公共文化和文化产业均要有大发展，并"鼓励各地按照国家相关服务指导标准立足实际，做好博物馆等公共文化设施的规划建设"。[1]

2018 年，国家行政机构文化部和旅游局的合并标志着文旅融合的真正开始。"随着文旅融合的不断发展，博物馆文化旅游作为一种新兴业态，在国家顶层设计层面给予了很多政策的支持与鼓励。"[2]2018 年 3 月，国务院发布《关于促进全域旅游发展的指导意见》提出要推动旅游与科教文卫等领域融合发展，提出具体措施[3]。国务院办公厅印发《"十四五"文物保护和科技创新规划》也提出向全世界讲好中国故事，推动博物馆相关工作，融入经济社会发展和促进中外文明交流互鉴等。2020 年 2 月，中央宣传部、文化和旅游部等 23 部委联合出台《关于促进消费扩容提质加快形成强大国内市场的实施意见》提出"鼓励博物馆及相关文化机构进行文化体验游等"政策意见，这些为博物馆与文化旅游结合进行文化传播提供了政策支撑，创造了良好的社会环境。

---

[1]《中共中央办公厅 国务院办公厅印发〈国家"十三五"时期文化发展改革规划纲要〉》，http://www.gov.cn/zhengce/2017-05/07/content_5191604.htm，转引自新华社，2017 年 5 月 7 日。

[2] 王秀伟，延书宁：《价值共创视角下的博物馆文旅融合：内涵、架构与趋势》，《文化艺术研究》2021 年 6 月，第 16-24 页。

[3]《国务院办公厅关于促进全域旅游发展的指导意见》国办发〔2018〕15 号，http://www.gov.cn/zhengce/content/2018-03/22/content_5276447.htm，2018 年 3 月 22 日。

借助以上相关文件，博物馆越来越发挥着"文化中枢"的作用，并且随着博物馆服务功能的延展，博物馆文化传播工作逐渐与科技、创意、教育等相结合，公办与民办博物馆相结合，重心上由原来的文物研究和保护工作，发展到挖掘文物本身的历史文化和生活美学内涵，持续发挥时代特征，"形成以传承为基础，与新时代特性和价值观、传播理念融合的创新性发展，探索更加符合当地文化遗产保护与社会公众教育共同发展的新路径。"[1]

二、文旅融合与博物馆文化传播内涵

在当前"十四五"规划文化高质量发展背景下，文旅融合背景下的博物馆文化传播必从内涵到外延都在努力进行高质量发展。但是，当前文旅融合背景下的博物馆文化传播更多作为公共文化服务新型空间的开拓场，即更多以博物馆为旅游目的地，将游客吸引进入场所，进行一系列的文化展览和参观活动。这使得博物馆与游客的关系仍旧停留在"走马观花"似的观看，至于观众懂不懂，文化价值与内涵有没有了解，内容与深层价值的融合有没有达到，关注度很少。这使得"文化和旅游之间的界限并没有打破，外溢效应没有凸显"[2]。因此，什么是文旅融合，博物馆文化传播怎么样做到文旅融合，真正达到文化推动旅游内外深度融合，是当前博物馆建设高质量发展过程中迫切需要的解决的难题。

文化和旅游部将文旅融合的结构体系概括为"理念融合、职能融合、产业融合、市场融合、服务融合、对外和对港澳台交流融合六个层面"。[3]这为博物馆文化传播提供了文旅融合内涵的全方位解释性框架。即博物馆作为公共文化服务机构和非营利性组织要为公众服务，同时要从实际出发，

---

[1] 夏烈主编：《切磋》，杭州：杭州出版社，2019 年，第 308 页。

[2] 崔凤军，陈旭峰：《机构改革背景下的文旅融合何以可能——基于五个维度的理论与现实分析》，《浙江学刊》，2020 年第 1 期。

[3] 雒树刚：《努力推动文化建设和旅游发展再上新台阶》，《中国文化报》2019 年 1 月 8 日第 2 版。

作为文旅融合内容的一部分,需要进行理念、职能、产业、市场与服务等方方面面的创新。

(一)理念融合、职能融合是文旅融合下博物馆文化传播的基本认识和必然要求

文旅融合背景下博物馆文化传播首先要进行理念和职能融合。理念融合需要的是博物馆在思想上打破传统的文化传播方式(即"以物为中心"的展览为主的博物馆文化传播方式),需要从思想上进行创新,积极对接博物馆旅游路线、文创产品及周边产业的开发,围绕"以人为中心"进行文化传播。在融合层次上,"从有形的产品融合、服务融合、业态融合逐步向无形的要素融合、理念融合、价值融合过渡"[1];即在理念上打破文物展览的物态融合,在职能融合上,针对文博部门真正做到能与文化和旅游相关部门在文化执法、文化市场、文化传播等方面的职能融合,形成文化市场共管的局面,如文化旅游、文化市场、文化监督等打破各自执法热点状态,实行县级及以上进行统一执法队伍进行市场监管,执行统一的执法标准和执法内容,最终达到博物馆文化传播的深度理念和职能融合。

(二)产品和市场融合是文旅融合背景下博物馆文化传播的动力

传统的观念是博物馆作为公共文化服务机构和事业单位,以免费开放和文物储藏为主,属于文化事业的一部分。党的十八大以来,随着我国经济的发展和人民日益增长的物质和精神文化需求的提升,博物馆文化传播仅仅依靠免费开放和展览基本不能满足公众的文化需求。特别是随着文旅融合的不断深化,博物馆文化传播不排斥市场和人民精神文化需求与文旅

---

[1] 王秀伟,延书宁:《价值共创视角下的博物馆文旅融合:内涵、架构与趋势》,《文化艺术研究》2021 年第 6 期。

融合。博物馆要进行多样化创新，在产品和市场上创新文化传播业态和形式，通过将文化要素融入文化产品、文物中，将文化元素进行 IP 产业化赋权和开发，引入市场化运作和营销、管理模式，开发真正能够进行博物馆文化传播的文化旅游服务和产品。如针对旅游游客设计开发的博物馆"互联互通"路线，"博物馆参观＋内容体验＋文创产品购物"的研学路线模式，围绕文旅融合进行的博物馆文化传播的综艺节目和文化节目，如《国家宝藏》《我在故宫修文物》等体验和传播性质的博物馆文化传播。还有博物馆开发的线上高科技 3D 立体和高清体验，移动终端观看的博物馆文化演艺活动等，使博物馆特色的文化要素与旅游的各项要素深度融合，"博物馆内外多维空间的融合，充分考虑游客所需，以舒适的方式为游客提供知识服务和浸入式游览体验"[1]，从根本触及文旅融合深度和广度的要素与价值层面，容易使博物馆文化传播更加具有广泛性和公共文化服务效应性。

（三）博物馆文化传播是围绕市场文旅服务所展开的最直观的表现和基本形态

时代背景下的博物馆文化传播是围绕博物馆发生的文化和旅游融合的实践过程。"博物馆文化传播的具体实践表现为博物馆各项文化传播要素与旅游活动各层面的交互融合，并据此形成多元的融合业态和一体化的共生界面。"[2]通过文旅各要素的交互和共振，博物馆文化传播围绕旅游产生的受众能够达成共识的博物馆历史文化价值、艺术价值、服务价值与旅游休闲体验价值以及所带来的经济价值，融合为价值共创系统。如旅游者到达目的地所要进行吃、喝、娱、乐、购、住、行为一体的旅行体验方式，博物馆文化传播将文物中的文化元素形成 IP 与吃、娱、乐、购、行等相结

---

[1] 陈冲：《打造"人文休闲博物馆"探索全国博物馆文旅融合"宁波模式"》，《江南游报》2019 年 6 月 6 日第 3 版。

[2] 王秀伟，延书宁：《价值共创视角下的博物馆文旅融合：内涵、架构与趋势》，《文化艺术研究》2021 年第 6 期。

合,形成文旅融合背景下的"博物馆文化+"模式。

因此,文旅融合背景下的博物馆文化传播是立足博物馆文化价值和服务价值,以"博物馆文化+"为中心形成的多主体价值共创关系和价值共生系统。即"博物馆与旅游机构、社会公众、各类企业等在内容、技术、资本、营销等环节开展合作,共同实现价值创造,最终使人们实现审美的享受、知识的获取与想象力的提升"。[1]

三、文旅融合与博物馆文化传播的关系

文旅融合的发展对博物馆的社会服务功能提出了新要求。博物馆需要结合自身特点,在相关政策和环境的框架下进行文化传播。而文旅融合背景下的博物馆文化传播是一个多元整体的有机组合,包括空间传播、文旅体验传播以及文化资源元素的传播。因此要厘清相互之间的关系,有助于我们更好地理解博物馆文化传播的内涵。

(一)博物馆以旅游为目的进行文化传播,促进文旅深度融合

博物馆作为文化传播空间,其魅力来源是多样的,本身的建筑之美、承载的文化内涵及人文精神,都是其吸引游客的重要资源。国外博物馆文化旅游已经成为文化旅游发展的重要载体和展示国家形象的重要窗口。如英国大英博物馆 2018 年接待的 600 万人次游客中,最大的群体是中国游客,说明我国民众的文化提升和文化自信。近年来,随着我国对博物馆文化事业的重视,出现了"博物馆热"现象。如中原地区博物馆在馆内展览的文物,体现中原文化的历史悠久和中华优秀文化的博大精深;秦陵兵马俑博物馆体现的是秦代造像艺术的辉煌;敦煌博物院的优美的彩色壁画体现了厚重的佛教文化;中国港口博物馆形似鹦鹉螺,具有区域文化特性……这些博

---

[1] 首都博物馆:《现代博物馆管理的理论与实践》,北京:北京出版社,2007 年,第 11 页。

物馆"都成为具有旅游亮点的特色文化景观,获得大批游客围观集赞"。[1]
这说明,高品质的博物馆旅游是广受欢迎的文化旅游消费产品,而中国的
博物馆拥有着世界上规模较为庞大、价值较为珍贵的馆藏文物,在当前文
旅融合背景下,关键是如何激发公众对博物馆旅游的兴趣、激活博物馆向
游客群体开放。

(二)博物馆以文化体验为手段,广泛吸引受众

"以文化为核心吸引物,将文化活动和游览观光有机结合,把一般的
旅游观光上升到高文化含量的文化体验"[2]是文旅融合背景下博物馆文化
传播普遍使用的方法。随着科技进步和旅游路线的不断开发和延伸,博物
馆文化传播突破了在博物馆内部的局限,而是让博物馆之间、博物馆与其
他历史遗迹、社区、景点、道路等进行相互联动,对历史文化渊源进行拓
展和延伸,使得博物馆文化传播更加广泛。如一代诗人苏东坡一生被贬 18
个省市,空间范围波及大半个中国,并且留下了很多精彩文墨,至今在中
小学课本中传颂。追溯苏东坡的游学路线,可以进行路线巡游,将写诗的
地方与诗词联结起来,有助于学生更好地理解诗词当时的意境;以爱国主
义教育为主题的"重走长征路"路线,让游客体会红军的艰辛,珍惜我们
当前的幸福生活……这种博物馆文化传播不仅在空间范围进行拓展,也是
价值辐射范围的扩大。通过博物馆文化旅游的方式进行文化传播,倡导"以
文塑旅、以旅彰文"的融合理念,是解决当前融合背景下博物馆文化传播
的重要措施。博物馆及其馆藏文物具有较高的历史人文价值、美学价值、
教育价值和文化体验价值,是重要的文化资产和旅游吸引物,在都市旅游产
品体系中独具品位和价值内涵,在多方面构建了文化旅游产品的重要功能。

---

[1] 陈冲:《建设双向"参与式"博物馆　争做文旅融合的排头兵》,《江南游报》
2019 年 11 月 7 日第 3 版。

[2] 苗宾:《文旅融合背景下的博物馆旅游发展思考》,《中国博物馆》2020 年第 2 期。

（三）博物文化资源 IP 产业开发，进行更广泛的文化传播

在国家鼓励文化创意、设计与科技相融合的背景下，许多文创产品成为畅销品。博物馆作为文化资源丰富的储藏地和文化传播阵地，在文化创新上拥有着原创的灵魂和元素。因此，在时代大背景下，博物馆通过文化资源进行 IP 产业化赋权开发，将博物馆文化展览、博物馆文化体验、博物馆文创产品等各项要素融合，向社会提供泛博物馆文化旅游产品与服务。"博物馆文化资源既包括受保护的博物馆实体，也包括博物馆文化衍生品。"[1]依托丰富的文化资源，利用科技和文化创意进行设计和创新创造，使得博物馆文化传播突破时空边界，在多行业和多维视角立体空间产生类型多样的文化旅游融合新业态。如与故宫相关的，既包含日常网络各种主题的展览，也包含日用化妆品、文具、玩具、食品等多种文创产品，还包含综艺节目《我在故宫修文物》《上新了·故宫》等视频产品，还包括一系列自拍活动等，博物馆在围绕馆藏文物及其文化内涵的多样化展示的同时，对公众进行文化传承，在网络空间和实体空间产生了巨大的社会流量，形成显著的"网红效应"，吸引了众多游客购买和参观。如 2019 年 6 月，网络剧《长安十二时辰》热播，"西安博物院因有剧中长安舆图原型的唐长安城 108坊沙盘而备受网友关注，一度成为重要的旅游目的地，仅 2019 年 6 月就接待游客 274218 人次"。[2]

综上可见，在文旅融合背景下，无论是从空间的延伸，还是依托文化资源的延伸，博物馆的文化传播有了更为广阔的发展空间。同时，从一个角度来看，因为多元空间和多元主体的多样性，使得博物馆文化传播主体更为多元，价值创造更加丰富多彩。

---

[1] 陈琴，李俊，张述林：《"大博物馆旅游综合体开发"模式研究》，《生态经济》2012 年第 11 期。

[2] 宋小雪等：《博物馆激活夜间经济，带动文旅融合》，《华商报》2019 年 7 月26 日第 3 版。

第二节 中外经典案例解析

随着文旅融合的发展，旅游业成为文化部门发展的新空间，博物馆因其文化资源和底蕴也为旅游注入了新的文化内涵，随着时代的发展，博物馆文旅融合的发展越来越多样化，并逐渐成为城市的核心吸引地和打卡地。

从融合发展的角度来看，博物馆发展旅游进行文化传播是以"博物馆场所和博物馆内容为依托和载体，以文化核心为吸引物，将文化活动和游览观光进行有机结合，将一般的旅游提升了高文化内涵的文化旅游体验"。[1]博物馆与文旅融合的积极发展，在我国出现如文化旅游、科技旅游、休闲旅游、研学旅游、定制旅游等旅游新业态。有博物馆文化展览、博物馆旅游服务，还有博物馆文创等，吸引着青年一代文化消费者驻足欣赏和购买文化产品。

一、博物馆 + 研学

文旅融合的背景之下，研学旅游是博物馆文化传播的重要途径之一，也是社会公众进行提升中小学综合素质教育和中外文化交流的重要文化旅游活动。随着国内研学的发展，国家越来越重视"博物馆 + 研学"对社会教育与社会进步的作用和影响。政策的导向性鼓励着博物馆通过研学，发

---

[1] 文旅规划设计联盟：《文旅融合大潮下，博物馆如何借势新生》，http://www. sohu.com/a/450611277_120209902，2021 年 2 月 12 日。

挥社会服务于教育的功能。博物馆研学以馆藏文物及其独特的文化资源作为研学内容，以实践教育和亲身体验为手段，将学生的课堂中仅能"听"老师讲和"看"视频的口头传授和自我理解的教育，转变为研学中的亲自去"学"与"游"相结合，使得博物馆研学越来越受到中小学生的欢迎。在博物馆研学过程，受众能够感受文化内涵，在潜移默化之中延展博物馆文化传播的广度。一般来说，研学路线的设计与课程的开发是实现博物馆研学的重要部分。

（一）中国彩灯博物馆研学——提升素质教育

中国彩灯博物馆位于四川省自贡市老城区自贡彩灯公园，于 1992 年经国家文物局批准建立，1994 年对外开放，是"集彩灯文物'收藏、保护、研究及展示'的专门机构，也是一个集园林、游乐为一体的综合性文化公园"。[1] 作为中国乃至世界唯一的彩灯文化专业国有博物馆，中国彩灯博物馆可以为大众提供灯文化科普、园林动植物观赏、文物典藏鉴赏、青少年研学旅行等休闲文化旅游服务，被国际旅游界专家誉为"最具东方文化艺术神韵、极具开发潜能"的博物馆。

中国彩灯博物馆以弘扬优秀传统彩灯文化为目标，以提升青少年文化素质为己任，结合自身特色和中小学教育需求，与相关彩灯制作企业（如自贡市胡氏花灯文化有限公司、自贡市星河彩灯文化有限公司等）、特殊技能学校（如四川卫生康复职业学院等）、其他公共文化机构（如自贡动物园、自贡市解放纪念塔等）等进行合作，并邀请彩灯专家进行讲解，共同推出适合中小学体验教育和研究性学习的教育旅游活动。

中国彩灯博物馆的研学对象以中小学生为主要群体，并不断发挥公益效应，为留守儿童、"五失"青少年等困境儿童、青少年及其家庭组合提

---

[1] 中国彩灯博物馆官网：《彩灯公园概况》，http://www.lantern-museum.com/gk/bwg.html。

供研学服务。针对中小学生群体的学与游的特殊要求，从研学内容上，开展有"博物馆+盆景园""博物馆+动物园""博物馆+地震气象科普""博物馆+扎染工坊""博物馆+纪念塔"等不同主题的研学活动。根据研学时间安排，研发推出系列"中国彩灯博物馆+彩灯文化知识讲座+花灯DIY制作+自贡扎染工艺制作"一日研学旅游精品线路、"参观中国彩灯博物馆+彩灯文化知识讲座+自贡传统工艺灯制作+走进燊海井景区"的二日研学旅游精品线路，以及针对不同节气提供的研学旅游路线活动，为中小学生和特殊儿童提供了20余批次研学服务，为上千户家庭带来优惠和体验活动，受到社会和公众的好评。2020年7月，四川省文化和旅游厅召开恢复跨省团队旅游暨夏季文旅产品发布新闻通气会，在会上公布了2020年四川省首批十大主题研学旅行线路与四川精品博物馆路线，中国彩灯博物馆被列入其中。

为了更好地发挥博物馆的社会教育服务功能，使观众更好地理解展览和文物，提升观众的参观体验，在中国彩灯博物馆里，博物馆讲解员带领研学者通过观看和体验，深入讲解彩灯制作过程和历史文化渊源，使学生们可以接触到彩灯非遗文化、欣赏灯组手稿、学习古代灯史、欣赏现代灯组，博物馆游览完成之后可以在中国彩灯博物馆多媒体厅参加彩灯文化知识讲座，讲座上有专业的老师进行分享，学生们可以在讲座中收获许多彩灯文化与知识。听完讲座，学生们参与花灯DIY制作与自贡传统工艺灯制作，可以获得放松和娱乐，加深学生们对花灯文化与自贡扎染工艺艺术的印象，锻炼学生们的实践能力。

中国彩灯博物馆研学路线设计精巧，研学路线与研学活动紧密结合。丰富精彩的研学活动充实了中小学生的文化生活，让中小学生在快乐休闲中学习。"中国彩灯博物馆+彩灯文化知识讲座"主要体现研学活动中的"学"，注重知识的学习，而"花灯DIY制作+自贡扎染工艺制作+走进燊海井景区"体现研学活动中的"游"，注重研学中的休闲娱乐。有"学"

有"游"，让学生在博物馆研学过程中轻松快乐地体验与学习。在学生收获到文化的同时，博物馆完成了文化的传播，实现了教育的功能。

当然，研学受众集中在中小学生群体对于博物馆未来研学发展是有局限的。要想实现博物馆文化的广泛传播，就要扩大研学受众范围。可以扩大学生与非学生群体的市场，充分利用博物馆文化资源，对不同受众群体开发不同层次的博物馆研学产品、研学内容，实现博物馆文化的交流与传播。

（二）河北博物院"文化彩虹桥"研学旅游——促进文化交流

为了充分发挥博物馆的文化宣传职能，为中外学生学习我国传统文化搭建学习平台，河北博物院根植于优秀传统文化的基础，立足自身区域特色的藏品资源，结合当地适合文化旅游的民俗文化资源，与当地相关院校进行校企合作，共同开发了"民俗精粹·吉祥三宝"——即以武强年画、唐山皮影、蔚县剪纸为特色的文化研学旅行项目。目的在于利用生动形象的博物馆文化项目，使国内外学生通过参观和切身体验，身临其境地感受和学习河北特色的优秀传统文化，激发即将走出国门的学生对中华优秀传统文化的兴趣，树立文化自信心，形成保护民俗文化传承的意识。

出于中外交流的目的，河北博物院的"文化彩虹桥"研学项目主要针对在华留学生，目的是通过研学，使其在博物馆更加真实地感受和学习中国非遗文化遗产，感受我国优秀传统文化魅力。一方面为其更好地适应中华优秀文化做铺垫，帮助其更好地理解中国文化；另一方面，通过研学，使得留学生向国外友人传递和宣扬中国文化的精髓，传播正能量。同时，针对国内学生的研学，希望其增强文化自信，更好地培养传承和保护我国优秀传统文化的意识，为走出国门宣传中国自身文化、讲好中国故事做铺垫。

1. 课程设计——分类设计

研学项目中课程是博物馆研学的重头戏，也是决定研学学生能否受益的关键。研学课程区别于校园课程，包含"研究学习"和"旅行活动"两个方面，家庭课程和学校课程相衔接。研学课程的目的是使学生在实践活动中开阔视野、获得知识、锻炼能力。河北博物院在"文化彩虹桥"研学项目中，针对不同的研学群体设计了不同的课程方案。

一是针对国内外学生特点，实行跨文化课程的分类设计，分类实施和教学的措施，最终达到共同受益的目的。针对国外留学生的"文化适应"，由于存在语言障碍、思维差异、文化差异等原因，在课程设计上侧重于参与性、趣味性，立足非遗技艺展示、工艺制作等方面，让学生参与体验，激发留学生对中华优秀传统文化的兴趣并引导他们参与学习，在学习中领略东西方价值的共通和不同；在课程教材选择上，与高校教师相对接，针对学生对汉语的掌握程度，编制中英文学习手册，包含"探索思考、探索揭秘、探索学习、世界视野和探索体验五个部分，将博物馆资源进行文本转换"，[1] 让留学生能更好地适应文化课程，发现中华传统文化中与自身民族共通的价值观，进而产生文化认同感。

二是针对即将走出国门的中国留学生，在课程设计上突出"文化自信"，目的是让学生借助博物馆资源真正感受到中华优秀传统文化的博大精深，理解其文化内涵，将中华传统价值观扎根于他们心中，他们将成为中国文化的传播者。

2. 教学过程——积极引导

（1）教学内容突出内涵引导

针对不同国籍学生的特点，坚持"求同存异"原则，理解和尊重不同国家不同民族的民俗文化差异，最大限度地讲授我国传统文化内涵，如语言和文化信息更多运用汉语讲解，但是同时加入外语翻译，使得学生更好地理解和对比中外文化和语言的不同；在课程中增加技艺展示、工艺制作等具体操作中增加讲授文化环节，"以武强年画为例，学生除了要知道武

---

[1] 张晓鹏，骆菲菲：《"文化彩虹桥"跨文化研学旅行项目设计与实施——以"民俗精粹·吉祥三宝"活动为例》，《科学教育与博物馆》2020 年第 3 期。

强年画'绘、刻、印'的制作流程外，还要能够认识到武强年画所蕴含的中国北方农民敦厚朴实、粗犷阳刚、乐观向上的气质，以及原生态的朴拙之美"。[1] 让学生真正了解中国优秀文化遗产所蕴含的历史价值、艺术价值以及所孕育的民族精神。

（2）教学方法方注重引导和探究

博物馆的文物收藏性决定了博物馆教育比学校教育具有情境性、实物性和参与性特点。河北博物院在研学过程中，"充分利用文物等实物资源，为学习者构建真实的学习情境，通过文物讲解、手工制作、交流讨论等各类探究式活动，调动学习者的学习兴趣和求知欲望，让学习者在参与中获得直接经验，实现知识的'内化'与'建构'，有助于加强学生对中国文化的深入理解"。[2]

在教学开始环节，讲授者在"民俗精粹·吉祥三宝"活动中，采用故事、画面、游戏、提问等多种形式进行导入，引导学生积极探索和思考；在教学过程中，摒弃传统的课堂满贯形式，采用分小组讨论的方式，小组范围内充分调动每一个同学的积极性，照顾到每一个同学，使得不同语言水平的同学在交流中都能得到关注，使得研学课程真正做到学生是研学的主体，教师是辅助者和引导者；同时，讲授者作为中华优秀传统文化的传承者和践行者，在研学过程中将技艺融入教学中，让学生更好地感受民俗文化的艺术魅力。如皮影戏中让学生参与制作过程，并在过程中讲解皮影戏的演出规则和内容，从而给予学生群体精神上的满足和文化内涵上的理解，将无形的文化变得可感知化。这种方式，在课程教学过程中，研学过程安排合理，教学过程协同合作、分工明确，博物馆教育者要做好引导者角色，学校教师要做好协助者角色。

---

[1] 张晓鹏，骆菲菲：《"文化彩虹桥"跨文化研学旅行项目设计与实施——以"民俗精粹·吉祥三宝"活动为例》，《科学教育与博物馆》2020 年第 3 期。

[2] 同 [1]。

3. 研学效果——多维度互融互动评估

博物馆研学旅行活动并非离开研学场地后就结束，而是需要学生将学到的知识，运用到自己的认知中。作为研学旅行的延续，要将博物馆课堂与学校课堂互融互动，多维度评估研学旅行项目的教育效果。"文化彩虹桥"研学项目中，始终把学生的"学"与"做"结合起来，在评估过程中摒弃了以往校园中的静态的"正规试卷考试"模式，而是一个动态的检测过程。评估贯穿于整合教学过程，在教学间持续进行，不断利用反馈信息进行调整和适应。

一是增加互动环节，在研学课堂上，通过学生分组讨论与手工制作过程，使学生在自己动手制作的过程中领悟其中的文化内涵，同时以小组协作的方式进行互相帮助，让老师在教学过程中进行侧重和评估。

二是研学后与高校课堂教学互动。在研学旅行结束后，学校教师可以对学生研学的学习进行课堂式反馈评估，如让学生撰写和分享观后感，针对制作过程、研学内容进行课堂案例讨论，或让学生根据研学制作课件展示等，以多种形式让学生对武强年画、唐山皮影、蔚县剪纸等民俗文化及其深层次文化意义进行学习反馈，从而评估研学旅行项目的效果。

"民俗精粹·吉祥三宝"活动是河北博物院"文化彩虹桥"跨文化研学旅行项目的主要内容之一，自开设以来受到了学校、家长以及学生的广泛认可。其从课程筹备、课程设计、课程实施到课程评估，都始终贯彻一个理念，就是要"以学生为本"，让学生在"做"中"学"，强调学生的主体性、参与性，而教育者更多的作为"引导者""协助者""践行者"角色。研学旅行作为馆校合作的新路径，依托博物馆的文化资源与学校的教学资源，以生动有趣的活动形式，有效促进了"桥梁人群"对中国优秀传统文化的学习和理解，有利于我国优秀传统文化的跨文化传播和教育。我们有理由相信，随着研学旅行项目的不断推进和完善，研学旅行将在跨文化教育中占据越来越重要的位置。

随着文旅融合的发展和国家对中小学素质教育的口号的提出，国内外其他地区也积极开发了博物馆研学路线。如洛阳为了更好地推动博物馆研学发展，开展中小学生博物馆研学教育，开发出"丝绸之路、运河中心、万里茶道枢纽之旅""红色教育之旅""文化艺术之旅""探宝寻秘之旅""河洛文明寻根之旅"等五大研学路线。虽然博物馆研学是当今国家大力鼓励的教育方式，也有着很多积极作用，但是不可忽视的是，博物馆研学过程中也存在重"游""学"而轻"研"的现象、博物馆研学课堂低劣的现象、研学课程良莠不齐现象，因此，博物馆研学需要进一步进行研发和探究。

总之，博物馆研学将博物馆文化、教育与旅游结合在一起，是博物馆文化传播最具针对性和体验性的一种文化旅游活动。在研学项目中，博物馆以文化、文物知识信息为基础，融会贯通于博物馆研学课程之中，使得受众群体能够摆脱书本的禁锢，在实践中获得知识与经验，从而更好地进行"研究性学习"。

二、博物馆 + 沉浸式体验

文旅融合背景下，人们的文化消费需求水平不断提高，传统的博物馆展览已经很难满足观众，而有看点、有体验、有娱乐的博物馆文化体验逐渐受到受众的喜爱。2020 年 11 月，文化和旅游部发布《关于推动数字文化产业高质量发展的意见》中提出要"引导和支持虚拟现实、增强现实等技术在文化领域的应用，支持文化文物单位、景区景点等运用文化资源开发沉浸式体验项目，开发沉浸式旅游演艺、沉浸式娱乐体验产品等"。[1]

"沉浸式体验"是利用一些影像、灯光、声音等效果营造氛围，通过触发调动人体的各种感官，让体验者有身临其境的感觉。不管是实物实景型沉浸式体验还是数字多媒体虚拟沉浸式体验，都是传统空间与沉浸式体

---

[1]《〈文化和旅游部关于推动数字文化产业高质量发展的意见〉解读》，http://www.gov.cn/zhengce/2020-11/27/content_5565522.htm，2020 年 11 月 18 日。

验的结合，让观众获得感官上的享受，满足观众多层次的需求。沉浸式体验打破博物馆传统的展览方式、撕裂以往观众"被动灌输式"接受博物馆文化的模式，有效提升了观众体验感，满足人民多层次的文化需求。

（一）荷兰露天博物馆——实物实景沉浸式体验

位于荷兰阿纳姆的荷兰露天博物馆（Nederlands Openlucht Museum），是荷兰最大、最早建立的一个露天博物馆。荷兰露天博物馆成立于1912年，至今已经超过百年历史。博物馆以荷兰人传统生活及相关文化为研究重点，还原过去几个世纪里荷兰人的日常生活与劳作的场景、农村与城镇的环境风貌，通过农民、渔夫、工匠等不同职业的工作人员的演示、讲解，让人们更深切感受荷兰人民近300年的日常生活与传统文化。

1. 实景展示荷兰历史变迁

露天博物馆占地约44公顷，拥有100多座历史悠久的传统民居、农庄、风车和工厂，且设有连接不同站点的小电车，其中许多来自荷兰各地历史建筑迁建，最大限度地还原了近代以前典型荷兰农村和小城镇的环境风貌。

荷兰露天博物馆有许多经历了历史变迁的不同寻常、各式各样的建筑，农舍、风车、工厂、磨坊等建筑分布在林地之中，丰富多样，种类齐全。如露天博物馆的风车有四种典型的风车磨坊：有中世纪最古老的风力驱动磨粉机磨坊（1665年落成，1916年迁建），有风力驱动水泵坊（1862年落成，1960年迁建），有塔式高磨坊（1696年落成，1921年迁建），还有风车驱动的锯木厂（1690年落成，1928年迁建），四种不同的风车磨坊让受众感受到荷兰历史文化的变迁。另外，传统民居建筑数目多、种类丰富，荷兰露天博物馆向游客开放农舍、渔夫木屋、园丁之家、工人住宅、商人住宅等传统民居，民居里的家具与装潢布置让过去三个世纪的荷兰典型农家文化得以复原；还有唯一遗留的二战时期士兵及家属住宿营地。

露天博物馆收藏的传统工厂和作坊包含面包作坊、啤酒工厂、蒸汽奶制品厂、马拉磨坊、铁匠铺、纺织间、洗衣房、印刷厂等,将受到现代工业的冲击而消逝的传统工坊与手工业重新呈现在游客眼前。收藏了传统的城乡生活配套基础设施,例如"绿十字健康中心"、阿纳姆有轨电车站、乡村学校、移动式摊位、度假小屋、Pall-mall游戏球场等,包含医疗、交通、教育、餐饮和休闲娱乐各个领域,集中体现了近200年人民生活的缩影。

2."自然+科技"——吸引游客沉浸式体验

博物馆的展厅将文物、视听新媒体、独具一格的演示相结合,以类似多媒体电影集的形式设计展示在游客面前,增强游客对荷兰风情的原境式、沉浸式、活态式体验,满足游客的文化需求,实现游客对博物馆的文化体验。

一方面,身临其境,置身其中。游客不仅可以近距离参观这些建筑,还可以进入建筑内部,看到与建筑相契合的生活劳动情景,与时空对话。荷兰露天博物馆除了建筑的静态复原,在传统生活劳作方面也进行了活态处理,增强交互式文化体验。荷兰露天博物馆不仅复原了传统农舍建筑,还保留了当时农民在自家庭院里种蔬菜养家禽的劳动场景。传统手工业可以活态情景演示,游客可以近距离看到纺织工人用老式织布机进行织布劳作,可以看到铁匠在炉边千锤百炼打造铁器。通过参观荷兰露天博物馆里的风力驱动磨粉机磨坊、塔式高磨坊、风车驱动的锯木厂等,游客可以亲身感受到劳动人民有效掌握风能的智慧。

另一方面,增强沉浸式互动。荷兰露天博物馆与科技、文化、生活结合,增加了历史文化电影播放、声光控制、喂养动物、趣味游戏、电车游览等,使得很多以民俗文化、传统生活为内容的多个层次的沉浸式体验,可以保证不同年龄段的游客都能够在活动当中得到乐趣并有所收获。如在荷兰露天博物馆里,有各种各样的服装展览、也有近代收藏品及其复原品收集地,也有近代以来儿童喜欢的糖果店铺,男士喜欢的小酒馆等。

在荷兰露天博物馆,那些逐渐销声匿迹的传统工艺与活动再一次鲜活地存在于大众的视野里与生活里。游客在游览过程中可以被迅速带入时代的历史文化环境之中，各种各样的活动为游客提供全年式、多层次的文化体验，脱离现代快节奏、拥抱传统民俗生活的沉浸式的文化体验。相比于国外沉浸式体验，我国也有数字敦煌体验馆、扬州中国大运河博物馆的数字沉浸式体验展，采用实体与数字虚拟技术相结合，通过投影播放和互动体验，360度环幕视频，让人情不自禁就陷入其中，仿佛置身古代情景中。

（二）横店影视城泛博物馆群——新式文化旅游博物馆

随着文化旅游产品的不断开发升级，博物馆已经不仅仅局限于传统的博物馆，许多民办、专门的博物馆也逐渐兴起，并越来越吸引游客参观和体验。横店影视城作为我国最大的影视文化基地，不仅是影视景点建设和拍摄基地，同时也是文化旅游的标志符号。近年来，随着"博物馆热"的兴起，横店影视城利用自身区位优势和文化资源，联合周边历史文化资源，着力打造横店泛博物馆群，创新博物馆发展，开发和打造"博物馆＋文旅＋影视"融合的新模式，构建新型博物馆概念。

1. 横店"泛博物馆群"提出与建设背景

（1）"泛博物馆群"概念提出

"泛博物馆群"建设是横店影视城在2016年提出的未来十年发展规划中重要的一项内容。所谓泛博物馆群是指将多个景区建设与历史文化背景相契合的集多种内容和空间和形式展示的博物馆组合群体。"数量上的'泛'既包含博物馆数量之多，也包含博物馆之间内在的历史文化联系；空间上的'泛'是指博物馆展不再拘泥于室内空间的展柜展出形式，而是整个场域的博物馆如广场上的雕塑、街道上的石凳、画面等多种空间都属于博物馆一部分，行成整个场域的立体博物馆；内容上的'泛'是指博物馆不再拘泥于重要收藏价值的文物和文化遗迹，而是纳入只要能够体现我国优秀传统的民俗、科技、文化等都包含在内；形式上的'泛'是指博物馆在文化传播上更加多样化，可与科技、文化旅游、媒体等相融合，通过多种形式，多种方式进行展示，使受众在博物馆体验过程中能够完全融入进去。"[1]横店"泛博物馆群"的提出就是基于以上目的提出和建设的。

（2）横店具备博物馆群资源

横店影视城在我们印象中一直是以仿古建筑和临时场景打造出来的影视拍摄基地。而实际上，随着横店影视城这些年不断挖掘和积累，不断有影视器材、历史文化遗迹、古近代民俗、文物等汇集于此。目前横店致力于博物馆群的建设，已根据相关文化遗产收藏主题和建筑风格，建成海上洋货博物馆、大宋市井生活博物馆等多座专题博物馆，还陆续举办了"十里红妆""清末民国花床展""民国老广告画展""电影海报展"等展出活动，昭示着我国影视中民俗、文化和历史的变迁。

横店影视城现有的历史文化遗迹和文物具有时间跨度大、类型多样的特点，"这里有明清民居博览城——由从浙江、安徽、江西等地拆迁的明、清、民国时期的民居以及仿古建筑组成，是'中国古民居保护基地'；有大智禅寺——始建于南梁年间，距今已有1500多年的历史；还有藏在各个景区里的'文物'，讲述着各自背后的文化故事……"[2]。

同时，作为影视拍摄基地，横店影视拍摄所具备的各种影视拍摄工具，大大小小的影视拍摄作品，汇集百年影视变迁历史，是当前我国最全的影视器材博物馆。新建的钢琴博物馆收藏有19世纪末到20世纪中叶为主的"施坦威、贝森朵夫、普莱耶尔、布吕特纳、金博尔、伊巴赫等品牌的钢琴"[3]，

---

[1] 严粒粒：《千台放映机放映影视发展史 横店开启泛博物馆群时代》浙江新闻网，http://zj.zjol.com.cn/news/618508.html，2017年4月22日。

[2] 桂峰：《将历史元素与影视美学相交融 横店影视城绘制未来"博物馆之旅"新蓝图》2021年5月25日，http://dynews.zjol.com.cn/szxw/202105/t20210525_4139537.shtml，2022年5月5日。

[3] 同[2]。

也有我国 20 世纪 50 年代国产"东方红"钢琴，展示着我国国产钢琴品牌。通过钢琴博物馆的展览，展示着近代文明绽放的精彩乐章。另外还有横店梦外滩度假区，是仿邬达克设计的老上海豪宅并将此作为海上洋货博物馆。洋货博物馆内有 1400 多件实物，汇集欧美日韩等十多个国家的衣、食、住、行、文化、娱乐等所需物品，是我国近代国际物品交流过程的缩影。如有仿 19 世纪的法国丰收女神彩绘玻璃门、20 世纪初的福特汽车、德国的音乐盒、美国留声机等传统的老物件……甚至"有的音乐盒、留声机机器保存较好，并且能正常播放音乐，因此不时会启动机器，让游客听'来自百年前'的音乐"[1]。

而横店影视城"泛博物馆群"的建设，便以电影取材、以电影拍摄需要所建成的影视基地为基础，以中华文明的几千年发展为脉络，在不破坏原有影视建筑的基础上进行布局，将博物馆进行合理布局和规划，目前主要规划为文化、产业、策划、规划四大篇章，着力建博物馆群。横店影视城规划建设 37 座博物馆，每个博物馆计划从内容上围绕同一时期深耕和挖掘文化，致力于把游客吸引进来，游客体验并学习中华优秀传统文化的知识，还能够对横店博物馆流连忘返。横店泛博物馆群的建设，有利于培植和增加横店旅游的历史文化厚度，改善横店目前旅游资源缺乏文化内涵的现状，使横店的旅游人气和社会口碑得以延续和发展，最终实现博物馆 + 景区文化旅游高质量发展。

2. 横店泛博物馆群文旅联动效应

2016 年随着横店影视城内电影放映机博物馆对外开放，饮食博物馆、海上洋货博物馆、钢琴博物馆等也陆续开放，标志着以中华优秀传统文化为主线，以展示物质文明和精神文明的实物为主体的泛博物馆群正在奋力

---

[1] 桂峰：《将历史元素与影视美学相交融　横店影视城绘制未来"博物馆之旅"新蓝图》2021 年 5 月 25 日，http://dynews.zjol.com.cn/szxw/202105/t20210525_4139537.shtml，2022 年 5 月 5 日。

崛起。

（1）光影留存——电影放映机博物馆

2016年初，为了使人民深入了解电影文化，位于横店影视城广州街·香港街景区的国内首个也是唯一一个中国电影放映机博物馆正式开放，博物馆收藏了500多台放映机，是目前我国影视放映机数量最多、种类最全的博物馆之一。馆内品牌齐全，藏有国外爱迪生（最早的放映机品牌）、贝尔、宝莱克斯、柯达、吉斯通、西门子、蔡司等实机，还有国内的长江、红旗、井冈山等多种品牌多个型号的电影放映机，记录了我国电影发展从无声到有声，从黑白到彩色，从传统的胶片生产到数字化拍摄的进化历程，也见证了我国影视拍摄和放映的历史。光影世界，变迁百年。博物馆向人们展示了手摇放映机、黑白电视机、老式相机、留声机……横店，展示着光影世界的前世、今生与未来，同时也证明人类在电影行业一直以来对于色彩、声音体验的探索，观众通过参观，可以了解电影放映的前世今生。

自2016年博物馆开放以来，吸引了众多受众前来体验和参观，掀起了一股联动效应。2019年，中国电影放映机博物馆加入电影博物馆联盟，预示着横店电影博物馆获得行业认可，有了更为广阔的宣传和发展空间。

展馆不仅为摄影摄像爱好者提供交流学习平台，也为青少年科普教育提供了良好的场所。2021年建党100周年之际，5月14—17日，在博物馆日到来之际，电影博物馆一改以往的静态参观模式，运用馆内老式电影放映机和胶片，在露天场地播放八九十年代集体观看的红色老电影，吸引众多游客前来体验。这对于新时代习惯了电子高清视频的青少年也是一种教育，一方面感受着电影工业的岁月蹉跎，追忆逝去的岁月；另一方面也看到我们国家影视行业技术的进步，也有人望着发黄的幕布，追忆着过往。

（2）博物馆＋文旅联动效应明显

随着电影博物馆的试水成功，越来越多的博物馆不断推进。2017年，横店影视城建设了明清宫苑景区清宫御膳博物馆、清明上河图景区两宋市井风情馆等。并于2021年7月份开放了以爱国教育为主题的长征博览城、"金华舰"等参观游览活动，将不同国家、不同文字、不同主题的徽章和文化内涵进行整理并展示出来，让人们在观影时候体验近代革命斗争的不易。

清宫御膳博物馆围绕"能学、能赏、能吃、能玩"的理念，一方面采用传统的文字、图片说明，和标本、仿真菜模等进行陈列展示，吸引游客的视觉；另一方面着力打造饮食文化产业——以明清皇家的膳食文化为主体，立足于养生文化与御膳文化两大根基，推出各种御膳和各种养生食品，让游客在视觉盛宴中体验美食诱惑，真正做到吃、喝、学、玩为一体。在影视城中清明上河图景区的两宋市井风情体验馆，采用360度全方位立体体验，使游客"沉浸"其中，仿佛置身于北宋影视拍摄的画面中，感受影视和时代的魅力。

在当今文化消费时代，受众更加注重自身体验性的文化消费。特别是文旅融合背景下，人们对文化消费有了更高的要求，不仅要求感官上的文化消费，还在寻求身体上的文化满足。博物馆通过与科技融合，采用VR技术、WEB技术、多媒体技术、计算机网络技术的发展，给博物馆展列方式带来了更多可能性，博物馆交互体验方式日渐丰富，也能够更好地获得并分析观众们的反馈。不管是实景沉浸式的文化体验还是数字虚拟下的文化体验，都反映出人们要求的多层次文化需求的被注意与被满足。沉浸式、交互式的文化体验的发展也为其他发展中的博物馆指出文化传播新方向。

三、博物馆＋旅游文创与服务

文旅融合的背景决定了博物馆的发展与文化产业的密切关系。2018年文化产业分类中明确将博物馆、图书馆等公共文化机构纳入文化产业范畴之中。在文化产业创意设计的背景下，文化内涵是文化创意产品与服务的重要组成部分，而博物馆馆藏文物所蕴含的历史文化、文化艺术等有着丰富的文化内涵，这为文化创意产品与服务的开发提供了优越的条件。

2009 年自国家文物局提出了"把博物馆带回家"的理念之后，许多博物馆开始发展文创产品，将文旅开发作为目标。如故宫博物馆文创产品产值突破 20 亿，河南博物院联合开发"博物馆盲盒"，掀起了文创产品争相抢购的局面。博物馆文创在《博物馆条例》《关于推动文化文物单位文化创意产品开发的若干意见》《国家文物事业发展"十三五"规划》等国家政策的扶持下，鼓励博物馆进行文旅文创产品开发，在国内掀起一股"博物馆文创热"。

（一）大英博物馆——全世界的文创与服务

大英博物馆作为公立博物馆，受英国文化媒体及体育部的监督，属于非营利企业。因此，大英博物馆在各类文化产品的开发上主要是采取代理授权的模式，在不同地区寻找品牌代理商合作，主要负责文物复制品或纪念商品的制造、零售、出版、授权业务等。这为没有到过大英博物馆的游客带来走向世界的感受和文化物质的体验。

1. 文旅文创集文化与实用于一体

博物馆中的旅游纪念品，一方面能够代表本馆、本市或本国的文化精华，另一方面又扩展了博物馆文化传播的产品种类、增加了游客的新奇感，最终使博物馆经济与名气双丰收。如"乘风破浪"的小黄鸭，几乎是大多数人们关于在儿童浴缸中沐浴的童年回忆。1970 年歌手吉姆•汉森创作的《小黄鸭》，让小黄鸭一度成为流行的文化元素，也是大英博物馆的"最强 IP"。大英博物馆上线"小黄鸭"着实把人"萌"了一把。虽然不是英国的专利和特产，但大英博物馆"倚仗"自己的底气，把这些小黄鸭 cos 成历史重要人物，如头戴羽毛头饰的印第安人、身着铠甲的维京海盗、古埃及的狮身人面像斯芬克司等各种形象，瞬间风靡全球，并传达了大英博物馆的文化价值观。

另外，大英博物馆还努力展示自己厚重的历史与文化，从实用性满足不同层次与需求的文化旅游消费者。大英博物馆的镇馆之宝——罗塞塔碑[1]，目前已经被设计成电脑包、雨伞、旅行包、行李箱、鼠标垫、行李牌、丝巾、文具等 59 种文创产品。石碑看似普通，但是其衍生品却有着独特的文化韵味，加上特别的身世，给游客留有厚重而高雅的感觉。

大英博物馆艺术衍生品营业收入年均高达 2 亿美元，旅游纪念品营销成为主要收入来源之一。馆内设计创造的文化元素包括博物馆外形、博物馆 Logo、博物馆名称、博物馆藏品等都可以经过设计师的巧妙构思变成文创产品。而要想将博物馆内有价值的、有代表性的藏品都开发出相应的文创产品出来，对于偏公益性质的博物馆来说有着一定难度。大英博物馆采用授权的形式对我国公共性质的博物馆文旅文创开发提供了一定思路。

2. 文化展览 + 国际授权

随着大英博物馆文化旅游的火爆，不再只满足国内需求，转而寻求国际更大的文化旅游市场。2017 年大英博物馆展品来到上海展出，其周边产品销售额超过 300 万元。2018 年大英博物馆与中国电商平台天猫在伦敦举行联合新闻发布会，签订战略合作协议，宣布双方将在中国建立更深入的商业伙伴关系，并于当年"双 12"期间正式在天猫商城开售衍生品，其种类繁多的授权文创产品也逐渐出现在了大家面前。产品深受消费者的喜爱，在天猫旗舰店仅仅用 16 天，所有商品就已全部售罄并逐步形成预售模式，目前粉丝数已经突破了 235 万。大英博物馆理事会主席理查德·兰伯特表示，大英博物馆旨在将自己打造成"属于世界、为了世界"的博物馆，对于那些没有机会到伦敦亲眼看到大英博物馆实物展品的人们来说，大英博物馆的文创产品能够让他们加深对大英博物馆的了解。

---

[1] 罗塞塔碑被发现的重要意义在于，古埃及文字是只有祭司懂得的祭神专用文字，4 世纪以后就渐渐无人知晓。直到 1799 年拿破仑大军在埃及发现了这块石碑，上面刻有三种文字——古埃及象形文字、普通人使用的古埃及草书和古希腊文——写着同样的内容，成为破译神秘的古埃及象形文字的关键。

通过文创产品的销售，对博物馆文化传播起到重要的作用。一方面将吸引更多的世界游客去大英博物馆参观，另一方面也有利于提升大英博物馆在世界游客中的知名度，有利于未来在世界各地成功举办更多的展览。

目前，除世界五大博物馆中的故宫博物院、大英博物馆外，中国国家博物馆、颐和园、陕西历史博物馆、苏州博物馆、V&A 等均已入驻天猫，并有着广泛的青少年粉丝群体。由此可见，中国的年轻文化消费者不再喜欢千篇一律的文创产品，选购标准更多关注商品所包含的文化内核。在文创使用场景上也更生活化，目前已涉及吃、穿、用、住、美妆、玩乐、出行等各个生活场景。很多年轻人通过博物馆文创产品表达自己的个性，并通过线上渠道购买相关产品。

在文旅融合不断深入发展的背景下，博物馆文化传播方式不再局限，文化创意产品与服务的发展，让仅能在博物馆里感受到的文化体验延伸到人们的生活中去，让博物馆文化走出博物馆，走入人们的生活中。从故宫博物院、大英博物馆等文创发展的案例中，我们不难发现它们成功的原因，是用产品体现文化，用产品传播文化。博物馆文创只有坚持用户中心化、产品品牌化、IP 衍生化，才能不断实现文化的推广与传播。同时突破了形态的局限性，通过多种形式进行衍生和发展，既满足了人们对精神文化的消费需求，又促进了博物馆的文化传播。

（二）南京文博文创大观园——文旅融合

随着文旅融合的不断深入和发展，南京市作为历史文化名城和古都城市，提出了积极打造"博物馆之城"的计划。自"十三五"时期以来，在当地政策引导下，南京市博物院联合南京市博物总馆、金陵图书馆、金陵美术馆、南京文化馆、侵华日军南京大屠杀遇难同胞纪念馆等 16 家文博单位，以及南京地铁文创开发设计的文创产品，发展博物馆文化旅游活动，在促进博物馆文化传播方面起到很大的宣传作用，产生了较好的联动效应。

目前，南京市内的博物馆界已经建设形成以"国有博物馆为主体、行业博物馆为骨干、民办博物馆为补充的博物馆公共服务体系，实现2020年建成全市建立100家各类博物馆、每年举办200场主题展览的目标"。[1]

1. 文博文创展示平台

南京文博文创大观园商标注册为"大观园"，寓意"文化精品荟萃、创意叹为观止"，以传播和弘扬南京当地优秀传统文化为目的，是南京多个博物馆联合文创产品和发展文化旅游的场所。"大观园"地址位于江宁织造博物馆地下二层，紧靠江苏省美术馆、南京图书馆等重要文博场所和景点，总面积2500平方米，交通便利，能够满足游客参观博物馆和景点之后进入游玩和购买的需求，是博物馆集文化旅游和文化传播的好去处。园内每家博物馆都有一个典雅精致的"小园子"作为文创门店，用于展示自身馆藏特色和文化内涵的文创产品。"大观园"内文创产品立足于馆藏文物进行文化开发，既注重艺术时尚又讲究实用，将博物馆文物的传统文化元素融入人们日常生活，目前共展示销售各类文创产品3000余种，是目前南京规模最大、产品种类最多的"文创市集"。

南京市博物总馆作为"大观园"较有影响力的博物馆，自2017年开园以来，以活动大赛形式促进文化旅游发展和传播，取得良好的社会和经济效益，同时也使博物馆文创产业更加有生机和活力。如博物馆每年举办文创设计大赛，并选出"全国最受喜爱的文创产品"增加品牌效应和知名度。以南京博物馆为例，通过大赛，目前已经形成"六朝风采""梦中红楼""非遗文创""红色文化"等六大品牌的文创产品，"六朝魔方""六朝时韵杯"均获得游客最受欢迎的文创产品称号。另外，博物馆与时俱进，除与活动结合，还与中华优秀传统节日结合，如2019年是农历猪年，博物院文博文创大观园的博物馆单位以"猪"为主题进行创作，获得公众喜爱，其中南

---

[1] 吴小宝，叶志明：《南京文博文创大观园惊艳开园》，《文汇报》2017年5月12日第4版。

京博物馆以"富贵猪——南京博物院藏猪文物展"作为特展开展，形态可掬的"二师兄"们获得人民的喜爱，在辞旧迎新之际给人民带来"富贵吉祥"的愿景。南京市文博系统相关负责人表示，"作为南京文博文创产品的集聚地，'大观园'提供的是一个供需交互平台，加速文化资源向创意产业的转化，通过文创产品更直观、更便捷地向公众传播博物馆承载的文化精髓"。[1]

2. 博物馆文化旅游"大观园"

自 2017 年 5 月开园，"大观园"的年访客量基本达到 30 万人次，并且有望成为南京城市文化的一张新名片、一处新地标。目前大观园内 16 家博物馆不断扩展，南京 80 余家博物馆不断入驻，文产文创产品不断丰富和延伸，并成为博物馆文化旅游宣传的又一个展示空间。大观园不断展示的同时，还与创意大赛、相关艺术节日相融合，如 2017 年大观园的开幕与第八届中国京剧艺术节结合，博物馆不断推陈出新，推出多款戏剧文创产品，吸引游客络绎不绝。

作为全国第一个出台文产文创的城市，南京市建设文博文创大观园的工作不仅能够使博物馆展示文化魅力，而且也宣传了南京文化古都的历史，极大地吸引了本地和市外其他地区旅游者参观、体验和购买。当然，每一个区域、博物馆、景点因为文化不同、蕴含的文化内容不同，因此进行的博物馆文创和文化旅游的开发也不尽相同。因此，需要因地制宜，创新发展，通过挖掘自身文化资源，找出适合博物馆自身和区域文化旅游和文化传播的具体模式。

四、博物馆 + 会展旅游

博物馆具有文物陈列展览的功能，而陈列展览是博物馆传播自身文化

---

[1] 吴小宝，叶志明：《南京文博文创大观园惊艳开园》，《文汇报》，2017 年 5 月 12 日第 4 版。

中最为直观的功能与形式,对促进文化传播与交流起着至关重要的作用。在文旅融合背景下,面临当前认知改变、行业变革以及跨界融合的趋势,传统的博物馆陈列形式已经不能满足大众对交互性与体验性的文化需求,也不能有效地使大众获取馆内资源信息。想要寻求改变与发展,就需要提升自身认知,尝试跨界融合,寻找新理念。"博物馆 + 会展"是博物馆文化传播的有力尝试,比如 2021 年在北京鲁迅博物馆举办的天龙山石窟国宝回归特展。

2021 年春节,作为 2020 年回归祖国的第 100 件流失文物——天龙山石窟"第 8 窟北壁主尊佛首"亮相春节晚会舞台。海外华侨张荣先生在日本买下这尊千年佛首无偿捐给国家,成就了"除夕之夜,国宝回家"的佳话。"第 8 窟北壁主尊佛首"的回归意义重大,它是近百年来第一件从日本回归天龙山石窟的珍贵流失文物,既让中华民族铭记外来欺凌的历史,也是当今我国凝聚力、国家昌盛的重要展现。

作为佛教本土化的代表,天龙山石窟开凿于东魏、北齐、隋唐时期,有 25 座洞窟、500 余尊造像,其精美的石刻艺术和鲜明的地域风格为世界雕塑艺术史绘上了浓墨重彩的一笔。20 世纪初,隐于山林的天龙山石窟为世人重新发现,受到国内外专业人士和学者的注意。1924 年前后,因为战乱和管理不严,天龙山石窟有超过 240 尊雕像被盗窃并被盗卖海外,天龙山石窟第 8 窟北壁佛龛内佛像也在被盗之列,成为国家文化遗产的痛楚。2020 年 9 月 14 日,佛首现身日本拍卖行。后国家文物局组织相关专家经过信息鉴定和不懈的努力,最终要求日本拍卖行终止与该佛首相关的拍卖和宣传展示活动。10 月底,拍卖行董事长张荣与日籍文物持有人谈判并完成洽购,并于 12 月将佛首运回北京,捐赠给国家文物局。[1]

随着除夕夜天龙山石窟的回归,2021 年 2-3 月,北京鲁迅博物馆在国

---

[1] 范思翔,施雨岑:《天龙山石窟佛首"回家"》,2021 年 2 月 11 日 http://www.xinhuanet.com/politics/2021-02/11/c_1127094721.htm,2022 年 3 月 5 日。

家文物局指导下,联合山西太原天龙山石窟博物馆延续"国宝回家",举办了"咸同斯福——天龙山石窟国宝回归暨数字复原特展"。特展通过历史图片、珍有文物、3D 打印石窟、数字复原等形式,向观众呈现天龙山石窟文物流失与回归的历程,并且展示了考古发掘、修复保护、流失文物调查研究成果等。观众还可通过扫描二维码进入复原展网上展厅参看石窟本来的风貌。同年 7 月 24 日,山西太原举行天龙山石窟佛首回归仪式并进行展览。这次展览成为 2021 年度影响力、关注度、推广度都极高的一场展览。展览以"博物馆 + 会展"的方式,向观众展现了石刻艺术之美,同时也获得了公众对于海外流失文物返还工作的热切关注。

此次特展,吸引不少人前来参观,具有非常高的意义和价值。一是石窟展品本身的文化价值。作为中国宝贵的文化遗产,石窟展具有历史文化价值、科学价值、美学价值等,特别是被盗海外的珍品回归,更是为世人带来艺术的视觉盛宴。二是回归的意义影响。佛像作为中国古代的文化遗产,在流失海外时期是我国近当代历史上比较黑暗的时期,而此次回归特别是百年来第一次从日本将流失的珍贵文物追索回中国,也体现我国当前民族凝聚力和国家强势,有利于唤起观众的家国情怀和爱国精神。三是会展旅游与博物馆的深度融合。博物馆会展对文化传播和宣传起着重要的推动作用。展会将焦点凝聚在文物上,让它们通过自身展示自己的内涵与经历,使观众在特展上可以通过现代科技实现与古代时空对话,真正实现了交互式体验,弱化了传统的简单陈列展览,提高了文化传播效率。

除了天龙山石窟国宝回归暨数字复原特展之外,国内其他博物馆也有以会展与博物馆融合的形式促进自身文化宣传与传播。如三星堆博物馆注重国内博物馆之间、国内与国际博物馆的友好合作,文化传播与交流,与国内十几个博物馆合作举办特展,并先后在数十个国家和地区进行展出。2019 年在广东省博物馆展出的"希腊支护宝首饰文化展"更是将人们带入希腊美的震撼中。不可否认,这些"博物馆 + 会展"的形式极大地提高了博物馆文化宣传与传播的效率。

随着文旅产业与会展业的深入发展，博物馆的文化传播方式不再局限于传统的陈列展览，"博物馆＋会展"逐渐成为博物馆文化传播的重要的方式。相比于传统博物馆展览，"博物馆＋展览"以会展的思路和会展的策划理念贯穿整个博物馆展览过程，目标导向更加明确，主题更加明晰，实现人们的参与式发展，获得交互式的文化体验。在当今文旅融合的背景下，博物馆承担着保护与开发的重要责任，要在保护好自身文化资源的前提下，发展自身，以博物院与会展结合的方式，"曝光"自己，宣传自己，向人们传递博物馆的文化价值，彰显文化自信，助力文化强国的实现。

第三节 "博物馆 + 文旅"存在的问题与提升建议

博物馆文化传播与旅游业很早就有融合。早在 2009 年国际博物馆日，国际博协以"博物馆与旅游"为主题，倡导博物馆利用自身资源与当地旅游结合，使受众能够参观、学习和体验文化的魅力。博物馆文化旅游传播需要统筹兼顾两者发展，以博物馆为依托，以文化为核心，将游览观光与文化体验有机融合，树立"博物馆 + 旅游"的发展理念，实现资源共享、丰富文化内涵，优化场馆资源，提升营销服务，充分实现博物馆与旅游平台的无缝对接。

一、博物馆文化旅游还有提升空间

自习总书记提出"让文物活起来"之后，博物馆掀起了文物活化、特色创新、内涵发展的转型升级，形成"博物馆热"的局面。从目前博物馆发展文化旅游的阶段和层次来看，相比于国外，我国各大城市的博物馆在文化旅游与服务方面比较单一。主要体现在展览旅游老套、博物馆研学旅游注重"游"忽视"学"、博物馆文创旅游与服务形式单一，服务还不到位，重视营销忽视内容提升等。

（一）博物馆文化旅游创新不足

与国外博物馆文化旅游已经具备成熟的体系相比，我国的博物馆文化旅游还处于初级阶段。一是体制机制惰性。国内大部门博物馆还是公共文化机构，依靠国家财政拨款生存。虽然已提出与文旅融合，但是更多的博物馆还停留在免费开放和多办几次展览的观念上，真正的自我创新和主动追求文产文创和文旅融合还不足。二是针对文旅融合，前文提到，国内也有很多国家级、省级博物馆走在前列，但是相比较国外来看，我国博物馆更多的是自我单一市场的开发，活化方式略显单一，泛博物馆旅游创新还不足，导致创新产品同质化严重。三是相对比民办博物馆的升级和活力，我国的公立博物馆虽然掌握大量的文化资源，但是博物馆文化旅游开发不够，展示的形式吸引力不强，与游客之间的互动体验感不强，对文物陈展方式的技术创新和模式创新等，还不能够完全全方位立体化地活起来。

（二）服务质量有待提升

"由于博物馆中的文物承载着不同时期的历史印记和时代记忆，蕴含着丰富的文化内涵，如何深入挖掘文物背后的故事，使游客感知中国文化的厚重，体会文物本身所具备的珍贵价值，是博物馆文旅旅游的服务群体需要提升。"[1] 与国外相比，我国博物馆在文化旅游服务质量上还存在不足。如在研学项目中，注重"游"而忽视"学"的反馈，内容更新不及时，导致很多研学项目成为一次性项目；在文化旅游的文创产品中，文创产品不能更好结合文化资源进行创造和服务，或开发比较浅显，好的文创产品同质化严重；在博物馆旅游展览过程中，"曲高和寡"，导致很多参观者停留在走马观花似的观看，而讲解员多是志愿者，临时性工作人员，往往经过短期培训上岗，与游客缺乏情感互动，在讲解层面也只是泛泛而谈，未能深入挖掘并还原文物所承载的历史文化；各个层级的博物馆服务水平参差不齐，对于文物文化内涵的探究不够深入，在内容的准确性上存在一定

---

[1] 刘莹：《文旅融合背景下博物馆旅游多模态创新发展路径探究》，《管理科技》2022 年第 1 期。

的偏差,有时候会给游客带来误导。

(三)"博物馆旅游热"泛滥

由于"博物馆旅游热"盛行,"消费主义大行其道,旅游逐渐成为人们消遣娱乐、朋友圈炫耀打卡的生活模式"。[1]在国家鼓励民营博物馆建设的背景下,很多旅游景点面对"匆匆打卡"拍照的消费主义,蹭博物馆热度,纷纷建立起多种多样的博物馆,导致"博物馆"丧失原本的内涵,而变成旅游的打卡之地。如一些琳琅满目的现代饮食、衣服博物馆等,还有一些企业产品的展览也被赋予"博物馆"的名称。这样导致博物馆作为公益文化机构所发挥的传承历史文化、传播正能量的教育价值容易迷失。

二、博物馆文化旅游多元发展的建议

博物馆是对历史和文化的加固与保留,是保存文物、展示文物的重要场所,也是为社会提供服务,以娱乐、教育、研究为目的对社会公众开放的场所。随着国家越来越重视博物馆职能的发挥,为博物馆挖掘自身文化资源与传播优秀文化做出了要求与引导,博物馆行业也在积极探寻发展博物馆文化旅游的途径和方法。

(一)主动拥抱文旅融合,让文物"活"起来

文旅融合为博物馆文化传播带来多元化发展的空间。面对公众对文化消费的迫切需求,博物馆文化传播需要借鉴国内外优秀模式,敢于创新和突破,打破旧的思想,主动拥抱文旅融合,积极发展和传播文化内涵。一方面可以开展多种形式展览,开门迎客,让受众在参观过程中,体验到文化的内涵,并对文创产品产生消费需求,促进博物馆文创服务多元传播;

---

[1] 刘莹:《文旅融合背景下博物馆旅游多模态创新发展路径探究》,《管理科技》2022 年第 1 期。

另一方面博物馆积极与科技融合，充分利用"互联网+"、VR、AR、人工智能等多元化手段，通过情景化设计，运用先进的互动设施，使游客置身其中，真切感受文物带来的历史文化氛围，实现博物馆的智慧化体验，使沉睡的文物真正"活"起来。

（二）提升服务质量

为了使游客深入了解博物馆文化的内在价值，体验博物馆的文化气息，优质的服务是博物馆旅游发展的大势所趋。一方面，培养一批博物馆专业知识丰富的导游队伍成为博物馆文化旅游的必须。专业的服务队伍一方面可以对游客提供优质的研学课程服务和多元化的讲解内容与风格，满足多元化的参观学习需求，使游客切身感知博物馆文物背后的故事。另一方面创新文化旅游模式，增加知识图谱、平台互动留言以及系列生动、新颖、趣味性的活动，使群众能够在特定的情境中探究学习文物的文化内涵和历史脉络，增强文化体验和文化互动，在沉浸式的体验中获取认知上的收获，从而激活游客的参观热情，进而提升互动体验效果。

（三）防止"博物馆旅游热"泛滥

针对"博物馆旅游热"泛滥，在国外已经有很多案例，美国圣地亚哥人类博物馆对外提供婚庆服务以及开放博物馆的宴会厅，洛杉矶自然历史博物馆更是允许新人拍摄婚纱照等。在博物馆如此严肃的场合举办婚礼，使得博物馆方面存在着协调活动与兼顾安全的矛盾。虽然国外有如此经验，但是国内不能完全照搬。在文旅融合背景下，博物馆的旅游过度的问题一直是争议的问题。当然，不同性质的博物馆在投资主体、所有权、游客等方面存在差异，在博物馆传统的"基本功能"之外的延伸性的服务需要逐步发展，既不能太过火，也不能太"俗"。因此，博物馆需要创新营销模式，需要打破常规，通过视觉化和分众化的思维去呈现，同时，又不能脱离参观环境应当优雅、安静和知识内涵的本质。

　　总之，博物馆旅游传播是当今发展的必然趋势，蕴藏着无限的发展潜力和广阔的前景。深入挖掘博物馆文物背后所蕴含的历史故事和精神内核，提升文化底蕴，是发展博物馆文化传播，真正服务于游客的价值所在。

第五章

博物馆多元文化传播存在的问题及建议

第一节　博物馆文化传播存在的问题

目前，我国博物馆在媒体融合、文创、文化旅游、产业化等方面取得很大成就，形成了中国"博物馆热"的局面。但是相对比国外博物馆在文化传播方面所采取的多元化经营、管理和创新性强方面，我国博物馆在体制机制、传播多元化、创新人才培养方面还是略显不足。

一、体制机制固化导致博物馆传播多元化不足

相对比国外博物馆多元化经营和管理，我国的博物馆属于公共文化服务机构。因此，在文化传播方式上更多的是博物馆文物保护大于文物利用。目前，受制于体制机制的限制，博物馆还存在博物馆文创产品 IP 版权化、博物馆相关营销收益如何分配、产业化经营是否合理、博物馆传播是否过度娱乐化等各种争论。由于博物馆大多属于公益性事业单位，职工的工资由财政上全额发放，导致博物馆职工的工资激励手段不明显，不能够和市场的需求相结合。虽然政府出台了相关鼓励开发博物馆文创、博物馆研学等多种营利性文化传播的政策，但在实际操作中，存在太多现实问题，如博物馆文创产业的盈利支配问题、合理合法性问题等。

一是博物馆多元文化传播理解不到位。博物馆从业者对博物馆从事创意和产业结合的正当性、合理合法性存在争议，对博物馆文创、文旅开发等内容和形式理解不同。国际公认的博物馆定义强调博物馆的公共文化机

构以及"非营利性"特征，因此，博物馆能否从事商业活动，能否获得经济效益，博物馆人长期存在误区。虽然宋向光[1]等研究学者很早就提出了博物馆在不违背其公益性同时可以从事商业活动的论证，2015年颁布的《博物馆条例》也从法律上破除了博物馆开展经济活动的观念枷锁，但是博物馆界仍然存在对多元文化开发等问题的争议，仍然存在担忧。同时，对博物馆的多元文化开发存在误解，认为博物馆的开发旅游纪念品、文化类小商品是博物馆作为补充收入的辅助手段，未能从思想上真正意识到博物馆多元文化开发的文化传播意义，即教育价值、情感价值、审美价值和文化价值多元文化的传播延伸，因而，缺乏对博物馆多元文化传播的宏观战略性布局和思考。博物馆的多元文化传播不仅仅要有文创产品结合，还要不拘泥于形式，结合热点与当前影视、旅游、游戏、全媒体等多样形式结合，运用博物馆大IP品牌整体运营模式，进行授权与操作，使得博物馆文化传播触角得到更多延伸。

二是机制的限制束缚博物馆多元文化传播发展。我国博物馆的体制现状是，公办博物馆占多数，并且是上下四级垂直管理机制。但是在博物馆多元文化传播的产业化开发过程却各自分离。这样使得国家级博物馆拥有更多的资源、团队和条件进行产优化创作和开发，而地市级博物馆则很多基本没有开发状态。首先在组织架构上仍旧沿袭传统，没有从根本变革。虽然博物馆提倡"以人为本"的传播理念，但是目前国内大多数公立博物馆仍然还是原始的以收藏和展览为主设置的"三馆一站"组织机构，还没有相应的专门的博物馆文创文旅部门。近几年国家多次出台政策鼓励博物馆文创、博物馆与产业结合等措施，但是相对比国外较多大型博物馆都设

---

[1] 如宋向光在21世纪初期撰写《博物馆"非营利"机构性质谈》一书，从理论上确定了博物馆有进行商业活动的权利，博物馆的商业活动并不违背其公益组织的"纯洁性"，并呼吁广大博物馆人不要被"非营利"束缚住手脚，与政府一道促进博物馆的发展。

有创意策划部门、市场营销部门、市场公关等专业部门，集合了文创设计策划、市场营销和管理的专业人才对博物馆进行持续创新和开发的现状，仍然落后。我国的博物馆没有相应的文化市场或者文创对接部门，虽然有走在前列的部分国家、省级博物馆成立了相应的文创团队，如南京博物院、湖南省博物馆等都成立了相应的文创部门，但是受体制编制考试的限制，在人员数量和质量上都远远达不到博物馆真正的研发和市场营销需求，同时文化创新、科技更迭较快，编制部门招聘人员只进不出，创意创新人才留档不畅，导致博物馆更多资源向传统的收藏、策展、陈列等部门倾斜，应该发挥作用的博物馆文创动力不足。

三是体制机制背景下的博物馆收益分配问题。国务院、文化部、国家文物局以及部分地区政府相关部门等虽然出台了一系列推动博物馆发展文化创意产业的政策和措施，但大多是指导性意见，在实际操作中却没有明确提出意见。而博物馆作为事业单位按规章政策做事由来已久，没有相应的措施，在落实方面往往畏首畏尾，很难落实到位。再加上区域上南北和东中西的差异，博物馆区域发展不平衡。如 2021 年 5 月 25 日国家文物出台的《关于推进博物馆改革发展的指导意见》（以下简称《意见》）中明确提出，"推进博物馆法及配套法规体系立法研究，完善博物馆制度，推进博物馆治理体系和治理能力现代化。深化博物馆领域'放管服'改革，探索管办分离，赋予博物馆更大的自主权"[1]，并允许探索单位或个人以创造性劳动、知识产权、科研成果等入股。但在实际操作中，博物馆属于公益事业单位的本质决定了博物馆的资产、人事和产权等归国家所有，多样化管理和经营在实际操作中面临很多困难。另外，虽然国家文物局出台的相关意见指出，"允许以经营性收入的 50％作为奖励资金，但在当前博

---

[1]《关于推进博物馆改革发展的指导意见》的通知，中华人民共和国文化和旅游部官网，http://zwgk.mct.gov.cn/zfxxgkml/qt/202105/t20210525_924733.html，2021年 5 月 11 日。

物馆作为公共文化机构背景下，原则上不允许超过年终绩效定额和工资总额控制"，[1] 发放创造性劳动奖励金在事业单位属于违规补贴，这条政策红线导致很多博物馆没有积极性。

二、博物多元文化创新动力不足

（一）资金扶持力度不足

尽管博物馆相关的政策不断出台，推陈出新，要求创新、不拘一格，不拘形式，但是更多停留在政策口号级别，在实际操作过程中缺少实际支持。如博物馆作为公益事业文化机构，财政拨款仅限于基本的公共文化需求，如免费开放、文物保护等以"物"为基础的阶段。目前的状况需要多元文化传播还停留在政策上，实际对博物馆的投资力度很小，博物馆的经营收入在税收上没有过多优惠政策，产品研发需要的创新人才在事业单位还不足以吸引高素质人才参与进去。另一方面，由于博物馆的经营方式责任不清，很多的经营方式还是按照原来计划经济时代的性质进行经营。由于博物馆没有独立的管理权力，包括财务上、人事上都没有独立的权力，不能够放开经营，因此在博物馆的管理方式上缺乏创新性，在艺术品的开发这一问题上就表现得很明显，全国游览区的纪念品都差不多，区别仅仅在于标注的地名不一样，因此缺乏对观众的吸引力，看得多而买得很少。虽然国家艺术基金等部分基金将博物馆文创纳入资助范围，专业细分的时候又没有，这导致博物馆自身开发资金支持力度不足，远远不能支撑研发费用。

（二）创新动力不足

随着信息产业的发展，移动设备在碎片化的时间和任何地点中接受信息，也培养了大众新的阅读习惯和消费习惯。博物馆的文化传播也在顺应

[1] 陈凌云：《博物馆文化创意产品开发研究》，上海：上海社会科学院出版社，2019年，第121页。

信息化变化不断改变，但是在文化传播不管是形式还是内容基本都大同小异，同质化现象严重。

一是博物馆文化传播渠道同质化严重。受益于科技的发展进步，我国博物馆文化传播打破了博物馆地域限制，从博物馆网上传播到数字博物馆到智慧博物馆的转变。大部分博物馆的宣传渠道为展览、出版书籍、网站、微博、微信公众号为基础进行数字化传播，这些基础的文化传播基本都能实现。但是普遍传播背景下，博物馆文化传播的出彩率不高。目前出彩的仅有少数，如故宫博物院的《我在故宫修文物》《国家宝藏》等系列的综艺节目，让人们对故宫的文物有着深度了解；还有河南博物院的《唐宫夜宴》文艺形式，采用诙谐、欢快的手法展示河南博物院穿越大唐的风采；另有陕西博物院的唐朝胖妞、观复博物馆的观复猫系列、敦煌博物馆的数字展览、三星堆出土文物等，细数下来，国内出彩的博物馆大多停留在省级层面的博物馆，而全国5300多家博物馆，知名和打出文化宣传特色的并不多，连千分之三还不到。

除少数大型博物馆定期更新和维护受众之外，更多的博物馆通过微博、网站、微信等传统媒体作为公共文化服务机构的对外宣传窗口，内容基本上都是以展讯和基础服务的公告为主，没有形成专门的文化传播模块，更无及时更新。对于这些传播渠道，博物馆没有作为文化传播平台派专人进行维护和创新内容，导致传播效果一般，博物馆文创有产品有文化旅游项目，却没有及时的文化传播和更新等情况。大部分博物馆在文化传播方面还停留在重大节庆和重要通知的信息发布渠道，并没有意识到这也是日常的文化传播途径，因此导致受众关注度不高，传播内容基本没有吸引力。由于更新力度不够，观众关注了之后基本长时间废弃在角落里，导致受众对于博物馆并不是很关注，对于活动的参与性不够。

二是博物馆文化传播内容同质化严重。目前，我国博物馆文化传播内容存在很大差距。一方面大型博物馆资金、人力、财力支持力度足，开发创新能力强，走在博物馆热的前沿地带。如故宫博物院、三星堆、敦煌博物院等国际大型博物馆不断推陈出新，经常出现在大众视野，给公众留下深刻的印象；河南博物院不断推出"盲盒"系列，实行积分兑换奖品，不断吸引青年人哄抢，并且派专人关注"盲盒"信息反馈，"以人为中心"不断进行更新和解决问题，真正做到观众满意。而大部分中小型博物馆由于区域劣势，加上客观上的资金匮乏、游客稀少、人才短板、消费市场需求不足等因素，主观上管理者进行博物馆多样化文化传播的动力不足等，导致中小型博物馆大多数对于文化传播创新方面心有余而力不足，更多的还停留在传统的展览宣传。

部分博物馆不甘于落后，但自身没有创新经验，在资金不足、文创动力不足的情况下，存在产品单一、质量低劣的情况，即使是"北京故宫文创每年应该有 50% 的增长空间，但现在只能完成 20%～30%"[1]。相对比国外博物馆文化传播，我国博物馆缺乏多样化传播形态的品牌化整体宣传，更缺乏国际文化传播的产业化开发经验，文化资源质量高、内容多，但是文创产业、旅游路线开发品牌化、国际化还不突出。另外随着"故宫文创热"、"博物馆热"、河南《唐宫夜宴》等内容的不断推陈出新，互联网背景下相互的模仿和抄袭造成博物馆文化传播同质化。如故宫文创手机壳在某宝上几块钱随处可见，造成文化内涵消失，而版权保护重视程度不够。

因此，博物馆需要深入思考如何利用新媒体，发挥优势，创新文化传播，拉近博物馆与观众的距离，让收藏在博物馆里的文物活起来，丰富全社会历史文化滋养。

三、文化传播存在"过度娱乐化"现象

新媒体背景下博物馆多元文化传播让人们喜闻乐见。如电视综艺《中

---

[1] 中新社：《（两会访谈）故宫博物院常务副院长王亚民：故宫文创一年卖 10 亿多吗？》，http://www.chinanews.com.cn/cul/2018/03-09/8463936.shtml，2018 年 3 月 12 日。

国诗词大会》，文化纪录片《国家宝藏》《唐宫夜宴》《龙门金刚》等博物馆影视产品相继热播，使得故宫文创产品、文物"盲盒"等文创产品持续在市场中热销，深受大众欢迎，"博物馆热"成为当前的主流和趋势。而与此同时，文物"活化"过程中的娱乐化倾向也随之显露出来，一味地迎合大众，混淆视听，导致有些人被娱乐化的虚假信息蒙蔽，误导了大众对文物真实情况的认知，出现了"过度娱乐化"现象。

博物馆"过度娱乐化"现象，引发了一系列问题。如在博物馆展出的研究方面浅尝辄止，缺乏深度展览。相对比国外，我国的文物展览更多给予观众"走马观花式"的观看，导致懂的观众不爱看，不懂的受众在看完后也不了解文化内涵，文化传播效率低下；在文化传播方面"耍宝卖萌"的调侃现象越来越多，如网上流传的让"皇帝挖鼻孔""陶俑活起来""文物为现代消费品做广告"等过度娱乐文物的现象，失去了文物本身所蕴含的历史文化艺术价值和审美价值。这种过度将博物馆娱乐化的现象，容易对社会主流价值观产生误导。使大众对于文物的历史性和文化价值的认知产生偏差。[1] 随着科技和媒介的传播，博物馆文化传播与之相融合属于正常范畴。一方面因为博物馆文物的"过度娱乐化"使得学界分为两种不同观点。一边是认为博物馆的主要功能是文化遗产的保护工作，过度娱乐使得博物馆真实性被质疑。另一边，认为博物馆文化传播应该以喜闻乐见的方式让大众接受，不应拘泥于形式和内容。任何事物都具有两面性，因此既要运用新媒体等科技手段，与文旅融合，利用文物创新博物馆文创，又要坚守底线，即博物馆文化传播的内容应该是真实的历史、真实的科学知识、真实的文化内涵，不能为了娱乐而娱乐，使得博物馆丧失本真。

在当前的"博物馆热"中，通过博物馆文化传播，人民逐步关注博物馆是传播的一大进步，但是文化遗产本身所代表的历史特征、文化特征等，

---

[1] 杜浩：《文物要"活化"，但不要过度娱乐化》，《贵州日报》2019 年 3 月 26 日第 4 版。

都有深深的文化烙印。因此，文物要"活"起来，需要创新和焕发出崭新的生命力，但是不要过度"娱乐化"。

四、博物馆技术与文化传播人才短缺

博物馆多元文化传播人才短缺是限制其发展的一大瓶颈。这里所说的并不是博物馆工作人员的过度短缺，而是随着现实需要的懂文化设计、懂文化科技、懂市场营销的人才的短缺。据相关资料统计，"在北京的就业人口总数中，文创产业从业者仅占比千分之一，而纽约的文创人才比例为12%；伦敦为14%，东京为15%"。[1] 博物馆所急需的创意设计人才的短缺，也从侧面严重制约了博物馆文化传播的多元化创新路径的发展。

由于博物馆属于传统意义上的公共文化服务机构，缺乏创新人才，而且体制内管理相对固定化和死板化，相对于企业的灵活管理，人才的价值体现在自我收入水平的基础上，收入低是一大弊端。另一方面与现阶段教育体系的不完善密切相关。普通高等院校创意设计类专业偏少，博物馆属于考古和历史学范畴，而创意设计类、文化营销类与之处于不同的院系和不同的学科，导致设计专业的人才不懂博物馆文化，很难在博物馆历史文化背后体现文化传播的创新，而博物馆学的人才懂历史文化，有厚重的文化知识体系，但是缺乏创意设计的技术，加上课程设置不合理，学习内容与社会需求脱节，使得培养的高校人才或空有设计技能而知识储备不足，或只有基本知识储备却没有技能，满足不了现实博物馆文化传播的需要，导致我国博物馆目前适用于文化传播的高端文创、市场营销人才供给不足。

其次，在博物馆传播过程需要文化营销人才。传统的公共文化服务机构以文化遗产的保存和展览为主，缺乏"以人为本"注重宣传和营销的博物馆文化传播和营销人员。在此背景下，大部分博物馆在万物互联的"互

---

[1] 陈凌云：《博物馆文化创意产品开发研究》，上海：上海社会科学院出版社，2019 年，第 122 页。

利网+"背景下不知如何吸引大众参与，进行博物馆有效传播，缺乏相应的管理和营销人才。如微信、微博、淘宝、直播等平台，都具备与公众近距离地互动功能，却没有专业人才的营销和管理，导致大众参与积极性不高。很多博物馆文化传播开发的产品本身也缺乏提供用户互动体验的内容，产品的形式既传统又无创意，这也要归因于缺乏博物馆文化传播营销人才。

同时，博物馆作为事业单位，在引入人才时灵活性不足，如编制每年名额不足，对体制外在薪酬体系和激励机制上没有保障，很难留住高端复合型文创人才，因此需要创新博物馆管理机制和奖励机制，从根本上解决创新动力不足的问题，才能更好地吸引人和留住人。

第二节　提升博物馆文化传播水平的对策建议

目前阶段，我国博物馆文化传播还存在资金不够充裕、专业人才匮乏、体制机制下的观念落后、文化传播还须进一步创新等问题。根据国际博物馆调查数据显示，"18%的受访博物馆或面临着永久性关闭，全球博物馆开始主动调整工作思路和发展战略，近40%的博物馆已经或正在考虑加快数字化服务进程"。[1] 因此，如何破解提升我国博物馆文化传播水平的难题，首要任务，必须要突破和完善博物馆机制内部改革和转型驱动，将博物馆与市场对接，根据自身条件选择适合的方式进行文化传播。随着近年来国家对博物馆事业的关注和重视程度的提高，很多博物馆探索出适合自身的传播方式和发展路径，基于前几个章节的案例，针对博物馆文化传播提出相应的建议。

一、顶层设计：为博物馆文化传播提供良好的环境

"让文物活起来"，一方面"要加强文物保护传承，发挥文物在传承中华文明、扩大中华文化国际影响力等方面的重要作用，不断增强文化自信；另一方面要加强文物合理利用，促进文物资源向社会公众开放，不断

---

[1] 中国国家博物馆：《"新媒体与博物馆文化传播高峰论坛"在国博举行》，http://www.chnmuseum.cn/zx/gbxw/202011/t20201124_248152.shtml，2020 年 11 月 23 日。

满足人民群众日益增长的美好生活需要，服务经济社会发展"。[1] 自 1983 年我国正式加入国际博协（ICOM）起，国内每年都组织"国际博物馆日"相关主题活动，并且从 2009 年起采用主会场活动方式开展博物馆日的纪念活动，已相继在不同的国内省会或直辖市城市举办了 12 届，为我国博物馆面向世界开展文化传播起到重要作用。

（一）因地制宜落实相关政策

自习主席于 2013 年提出"让文物活起来"之后，国家 2015 年发布的《博物馆条例》释放了鼓励博物馆多元文化传播的有利信号，2016 年博物馆支持文化传播多元化发展的政策不断推出，如博物馆文创、文旅融合，进一步鼓励和激发博物馆文化多元传播的活力。这一时期，全国各省市也响应相关文件精神，如东部地区的苏、浙、沪、粤、闽，中部地区的冀、黑，西部地区的内蒙古、陕、甘、川等地都陆续出台了推动本地博物馆文化多元传播发展的落地政策。"以江苏为例，省政府大力推动博物馆相关文化传播的工作，于 2016 年底出台《关于做好文化文物单位文化创意产品开发工作的通知》，布置全省博物馆行业的文化传播、文化产业化工作；并确定了包括南京博物院在内的省内 37 家文化文物部门为文创产品开发试点单位"。[2] 江苏省南京市出台相关政策，提出建设"博物馆之都"的口号，并以"大观园"为特色品牌，创建了全市博物馆联盟的"南京文博文创大观园"，通过文创和旅游都对博物馆文化传播起到重要的宣传效应。由此可见，政策落地是关键，而且各省市政府相关部门也都积极落实到位，鼓励因地制宜，创新发展和布局博物馆文化多元传播。

[1] 邹雅婷：《文物活起来，点亮大众生活（回响2021）》，《人民日报海外版》2022 年 1 月 4 日第 7 版。

[2] 龚良：《正确理解博物馆文创产品开发》，《中国文物报》2017 年 9 月 26 日第 5 版。

（二）针对博物馆的体制机制改革

2021 年多部门联合发布《关于博物馆改革的指导意见》，鼓励在管理方面创新体制机制，进一步为博物馆进行松绑，使文物"活"起来。国家相关部门密集发布了一系列推进博物馆的资金来源、人才培养、平台推进、保障措施等体制机制方面的改革措施和意见，为博物馆多元文化传播发展指明了方向。从这些政策来看，鼓励博物馆文化传播与科技相结合，融入文化经济市场发展、融入文化旅游等，从根本上肯定了博物馆多元文化传播的多收益和多种分配方式。在性质上，国家直接行政干预退居幕后，出台了关于博物馆创新发展的实质性的指导性意见，从政策上肯定了博物馆多元发展的正确性。总体来看，虽然涉及博物馆具体人力、财力和管理的具体的保障措施落实不够，但国家政策导向作用普遍意识到博物馆多元文化传播中存在的问题，并提出了针对性意见。

二、加大力度创新博物馆文化传播活力

博物馆多元文化传播受到很多因素的限制，仅仅依靠政策体制机制的改革还不能解决博物馆的多元文化传播的难题和困境。只有从人、财、物上解决，为博物馆多元文化传播提供良好的创新环境，才能激发动力和创新力，从而加快博物馆多元文化传播焕发活力。

（一）解决资金短缺问题

资金短缺是多数博物馆无法有效开展多元文化传播特别是文化创新的重要因素。一是在政府部门政策鼓励背景下，博物馆及相关行政部门积极"开源"，如政府通过设立博物馆文创专项资金、增设博物馆文创项目等方式支持博物馆多元文化传播动力。如在国家重大项目带动战略中，适当增加博物馆相关文创和文化传播的项目，以项目支持做导向，引发博物馆多元文化传播的关注力度，从而解决博物馆资金难和创新难的问题。二是针对

目前我国文化科技类小微企业因文化传播回报不确定性、不稳定性等原因，不愿意投入博物馆文化传播这一风险性较大、市场回报率难以预估的领域的现实，建议可以借鉴国外博物馆文化传播的多元化经营方式，采用博物馆 IP 授权方式，将博物馆文化遗产的历史文化资源进行评估，产生强大的博物馆 IP，对社会、企业等进行 IP 产业授权，或采用符号、形象、内容形式授权，或采用买断年份、收益分红等方式进行多元的文化 IP 授权，从而达到博物馆文化传播的延伸。

（二）增强社会参与度

鼓励社会力量参与博物馆文化传播。针对博物馆在资金有限、传播人员不足的情况，允许社会力量参与博物馆文化传播的合作开发，建立优势互补、互利共赢的合作机制是首选策略。一方面鼓励社会参与博物馆文化教育宣传。如 2020 年北京市文物局发布的《关于北京地区博物馆开展社教工作的指导意见》中指出，"将博物馆文化传播纳入全市教育体系的学习计划，并鼓励社会力量、学校、博物馆等文化资源单位可以采用以合作、授权、委托等多种方式开展博物馆社教活动"。[1] 另一方面，针对博物馆文创研发不足、创新人员不足的情况，要以多种形式鼓励社会力量参与博物馆文化创作的传播，如 IP 赋权企业进行生产和研发、博物馆文创研发工作外包、所获利益多元分配等形式。另外，鼓励博物馆与媒体合作，深入思考如何利用新媒体发挥优势，创新文化传播，拉近博物馆与观众的距离，让收藏在博物馆里的文物活起来，让全社会广泛接受到历史文化的滋养。

三、创新博物馆与多行业结合与良性互动

在多媒介传播时代，博物馆传统文化方式如文物储藏、展示、交流等

---

[1] 北京市文物局：《北京市文物局关于北京地区博物馆开展社教工作的指导意见》，京文物〔2020〕829 号，2020 年 7 月 15 日。

依旧存在,同时传统媒体与新媒体融合的现象也不断延伸,多媒介、多样化、多终端的文化传播已经成为日常。博物馆要顺势而为,加强与各种媒介的融合与良性互动,创新博物馆文化传播内容和形式。

（一）推动博物馆与相关产业联动发展

增强博物馆与影视、动漫、游戏、艺术舞蹈等媒介的联合和互动。国外的大英博物馆与中国的服装、运动、食品、化妆品、母婴用品、游戏、动漫等各大品牌联手的多元文化传播为我们提供了思路。特别是国外《博物馆奇妙夜》系列电影的上映、《和平精英》游戏与博物馆场景结合等形式,带来的巨大收益和文化传播效应为我国博物馆文化传播提供了思路,开阔了视野。我国博物馆也与传统媒体和新媒体相结合,拍摄和放映有综艺节目、纪录片等,受到社会良好反响。如《我在故宫修文物》《上新了故宫》等原汁原味的文物修复纪录片,也有《哪吒之魔童降世》《花木兰》等动漫电影中出现的文物图案,相关的影视作品及衍生品获得很大反响,有效宣传了博物馆文化。鼓励博物馆打开思路,因地制宜,积极尝试与多平台合作和创新,针对当前消费受众进行研究,推出受广大受众喜爱的多元文化产品,在博物馆文化创新同时进行多元文化传播,使得博物馆成为时尚,吸引更多群体了解和认同博物馆文化。

（二）推动博物馆与科技跨界融合

2015 年国家文物局、国家发展和改革委员会、科学技术部、工业和信息化部、财政部联合印发的《"互联网＋中华文明"三年行动计划》出台,为博物馆文化遗产与科技融合提供了思路和方向。当前科技深化发展,为博物馆文化传播提供了多元和多用可能。国内百度、国外谷歌等相关的搜索引擎都积极与博物馆合作,探索创建万物互联的博物馆数据库、博物馆数字联盟、博物馆相关的电子平台等,建设数字博物馆,实现博物馆文化资源网络化和可视化。在此基础上，国家又进一步提出了智慧博物馆建设，在数字博物馆基础上，利用云计算、大数据等信息技术，打破实体博物馆与线上博物馆的边界，将线上线下博物馆进行互联互通，形成集现实、虚拟、学习和知识体验于一体的智慧型博物馆。

（三）推动博物馆和教育、旅游行业深度融合

博物馆是先辈遗留下来的丰厚的文化资源和宝贵的文化遗产，对我们当今世人都具有教育意义，也是提升文化修养和文化自信最有力的保证之一。因此，需要博物馆将以往"以物为主"储藏的文化资源转变为"以人为本"的教育资源，创新形式，转变为教育价值。而博物馆通过与教育部门结合，开发博物馆研学、博物馆文化体验项目等，从实践上丰富文化教育的发展。同时，随着文旅融合的发展，博物馆成为越来越多青年人的热门打卡之地，随之而来的博物馆热也带动了博物馆文化旅游的发展。通过创新文化产品、创新博物馆旅游路线、丰富营销模式等形式，使博物馆与教育、文化旅游深度融合，让博物馆文化传播更加深入人心。

四、开展多层次博物馆文创产品开发

新时期"跨界创新、融合发展"是总体趋势，博物馆多元文化传播亦不例外。博物馆文创作为"文化载体"发挥着重要的文化传播功能。针对博物馆文创产品及产业形式的多元发展，涉及吃、喝、娱、行、购，与文化旅游一体，更加体现文化传播的广泛性和教育功能。一方面博物馆可以探索建立完善的文化授权模式。国家文物部门颁布的《博物馆知识产权管理办法》从政策上对我国博物馆授权及相关权利和义务给予规范；虽然规定较为模糊，但是对于博物馆文化资源 IP 授权起到了法律肯定作用。在具体案例上，故宫博物院的文创产品在设计出之后，一般与相关产品生产商采用授权方式进行生产和营销；河南博物院的热销产品"文物盲盒"与洛

阳助农扶贫企业、南阳玉产地有效地相结合，进行授权和生产，从设计、质量和营销上严格把关，保证博物馆文化授权的流程和合法管理。另一方面要丰富文创形式。文创产品从初期的手机壳、贴膜，到现在的潮玩、家具、日常用品、食品等多种形式，使得博物馆文化资源被充分开发并广泛利用，在使用过程中博物馆文化知识得到广泛传播。

同时，也要警惕当前的博物馆文化传播"过度娱乐化"现象。要意识到"娱乐化本身并没有过错，但它仅仅是传播文物价值的一种外部延伸手段，若是为了娱乐而娱乐——过度娱乐化，对文物价值是一种不负责任的贬损，这样的传播是有害的"。[1] 因此，既要鼓励博物馆、文物单位、媒体等不要故步自封，既要勇于打破常规、深入研究和挖掘博物馆文化资源的内涵，又要站在新的高度上宣传适合大众品味且文化高雅的展会、节目等文创产品。

五、大力培育博物馆文化传播创新人才

博物馆创新人才短缺始终是制约文化传播的一大发展瓶颈。有效地从外部引进人才并留住人才，同时从内部培养博物馆文化创新人，才是根本解决措施。

（一）在从外部引入人才方面，用政策、收入、感情留住人才

人才是第一生产力。当今人才越来越成为城市发展的动力。全国多地为了吸引人才，针对高级创意和管理人才提出优惠政策。如除单位给予的引入政策之外，还针对高级人才和优秀的青年人才给予落户、住房优惠、工资补贴等，解决家属子女工作、入学等后顾之忧，有的沿海地区为了抢占人才实行直接落户政策，还有多地在工作前三年给予优秀人才生活和住房补贴等，吸引和留住人才。同时打造适合人才发展的平台也是留住人才

---

[1] 杜浩：《文物"活化"不要过度"娱乐化"》，《贵州日报》2019 年 3 月 26 日第 4 版。

的重要政策。长远的发展空间是吸引人才的重要途径之一。在引入人才之后，良好的发展平台不光能够留住人才，还能够更广泛地吸引人才。如许多博物馆在自身不能解决高级人才需求的时候，采取多样化变通方式，与相关企业共同合作，引入人才带头人，与企业合作建设相关研发平台、创业平台等，积极为人才提供发展空间。

（二）从内自我突破，培训现有博物馆人才

对博物馆人才的培训和提升是博物馆文化传播的一个重要途径。近年来，国内外博物馆行业相关培训逐渐增多，各类博物馆文化传播培训的课程设置和主要内容也在与时俱进。各种专业的培训会不断邀请海外和东南沿海地区博物馆文化传播能力较好的负责人员，分享经验，内容聚焦国家政策解读、文化传播实践案例剖析和授权、设计经验借鉴、文化资源开发、文化传播路径等，不断推陈出新，使得博物馆工作人员不断提升自身职业素质。

特别是疫情以来，博物馆文化传播受地域的疫情的影响，很长时间处于闭馆状态。在这种环境下，利用线上资源对博物馆工作人员进行培训、提升博物馆工作人员自身职业素质是一项重要工作。目前博物馆的文化传播涉及设计、管理、营销等多项业务内容，国家文旅部门定期举办线上讲座，对社会公开，邀请国内外专家免费讲解博物馆文化传播的各种相关政策，为从业人员及时了解和理解政策提供了有利途径；同时相关文博公众号、个人专家等也不定期举办高水平的讲座和培训会，目的在于提高博物馆从业人员的文创开发和经营能力。每年由国家文物局、各省市文化文物部门主办博物馆系统文化人才培训，如"文博系统文化创意产业高端人才培训班""文化创意产品开发与运营培训班""全国博物馆艺术人才培养项目"等，针对现有人才起到极大提升作用。虽然培训时间较短，但是培训对象不仅有博物馆文创部门、公共文化服务部门从业者，还面向博物馆文化传播的设计人员和爱好者，一定程度上培养了博物馆文化传播人才。

（三）挖掘博物馆文化传播人才新生力量

举办博物馆文创大赛，在国内外进行灵感碰撞，选拔文化传播人才。在北上广等大城市高校集中地方，如上海博物馆、首都博物馆等都与当地高校合作主办过"博物馆文创设计大赛"，从中选拔优秀的博物馆设计作品，形成良性互动。如在大赛创作期间，参赛的设计人员可以听取专家讲解文物讲座，走进博物馆库房近距离欣赏文物，获取灵感，让设计人员更加深入地了解展品文化内涵。如表5-1文创设计大赛奖项设置情况显示，博物馆文化传播不仅仅是展览创新，更多的是博物馆文化与科技、设计、旅游等融合，渗透到人民生活中的方方面面。并且通过比赛，一方面好的作品能够及时地与企业对接，实现设计与生产、营销；另一方面，在比赛中，企业发掘变现机遇的同时也能够发现和获得高端创新人才，进而提高博物馆文化传播影响力。

表5-1 北京某文创设计大赛的奖项设置

品牌	产品	延展方向
宠米	杂粮礼品盒	礼盒包装图案设计 内盒+外盒+手提袋
陈氏定窑	平步青云 茶具套装	礼盒包装图案设计 外盒+礼品袋
	"福"盏礼盒	礼盒包装图案设计 外盒+礼品袋
	五福临门 套装礼盒	礼盒包装图案设计 外盒+礼品袋
一得阁	福墨礼盒	1. 福字斗方或福字挂件一个 2. 空白斗方：万年红（对联纸） 3. 金墨瓶贴+盒子
	多福轩礼·礼盒 （应品牌方需求，此款产品截稿时间为11月30日）	纸、墨、笔、砚综合套装 1. 设计包装盒，尺寸不限； 2. 设计内含物装饰及内部样式； 选择适合的信笺样式。

　　总之，将文物置身于现代传播视野之时，博物馆就发挥了传播文化教育、弘扬中华优秀文化的作用。目前针对博物馆的多元文化传播，在方式方法上已经层出不穷，但是如何保证文化传播的可持续发展，还要多从政策落实到现实，从理论延伸到实践上多下功夫，让传播内容具备历史、科学、文化、艺术等维度的丰富性、真实性，同时做到深入浅出。希望在现代传媒视野中，"博物馆热"不是昙花一现，而是长久的可持续"热"。这不仅需要博物馆从业人员的努力，更需要公众的共同努力。